―家本芳郎先生に学ぶ教師術―

# 生徒が活きる教室 50のヒント

重水健介 著

高文研

# はじめに――時代は変わっても、変わらない教師の知恵と技がある

家本芳郎先生を知ったのは全国生活指導研究協議会（全生研、一八頁参照）の全国大会でした。そこで参加した「合唱分科会」の指導者が家本先生だったのです。「私は音楽教師ではなく専門的な指導もできない。ここでは学級・学校づくりに生かせる文化活動として合唱を学びましょう」と言って始まった分科会は先生の温かく飾らない人柄とユーモアを交えた説明に笑いが起き、実技を交えながら和やかに進みました。あっという間の三時間でした。

大きく三点が印象に残っています。

一点目は「やりながら教える」進め方です。合唱や群読あるいは体育や美術などの指導で教師の長々とした説明は禁物です。学習者（生徒）が「早く活動させてほしい」と苛立ち、最後にはやる気まで失うからです。実技を伴う学習はこう進めるのか、という指導のセオリーを学びました。

二点目は「ほめて伸ばす」指導です。注意や叱責に頼らない指導と言ってもよいでしょう。うまくできるとほめ、つまずくと自分の失敗を挙げてさりげなく助言する。教師にはこうしたソフトな指導が求められていると感じました。

三点目は「終始平易な言葉で説明した」ことです。難しく深い内容を、わかりやすく、面白く、相手

が興味を持つように伝える。授業の要点はまさにこれでした。「教える」ということの基本を学びました。分科会の指導に魅了されて以来、家本先生の著作を読み漁りました。膨大な数でした。翌年からの全生研大会でも先生が指導助言をつとめる分科会に参加し続けました。生活指導や合唱指導だけでなく、教育全般について先生から学ぼうと思ったからです。そうしているうちに先生から声をかけてもらい、それ以来、公私にわたって家族ぐるみでお世話になってきました。約四〇年前、新任時代のことです。

地方の一教師にすぎない私が授業や指導上の困りごとを相談すれば、家本先生はいつも正面から向き合い、ご自身の経験にふれながら助言してくれました。

たとえば「授業で発問すると特定の生徒しか発言しない」と愚痴をこぼすと、「きみは質問と発問を区別しているか」と言われ「どういう意味ですか?」と返すと、「たとえば『日本の首都はどこ?』と聞くのが質問。『日本で首都を移転するならどこにしたらいいと思う?』と尋ねるのが発問」と端的に教えてくれた後、発言の引き出し方について話してくれました。

当時、私は長崎県の対馬《つしま》という離島に勤務していたのですが、校内研修や保護者向けの講演会、サークル学習会などに講師として六年間に四回来島してくれました。

「若い先生たちのサークルでは財政も厳しいだろう」と、毎回の謝礼や交通費を辞退され、別れ際には「仲間と学び合うこと。協力して研究集会などをやり遂げること。こうした活動が教師の力量を高める。これからも体に気をつけて励んでほしい」と言ってくれました。

その後も先生が講演会やワークショップの講師として九州に来るときには「一緒に回らないか」と声をかけてくださり、毎回同行して本当にいろいろな話を聞かせてもらいました。

とくに、「異装や茶髪で登校した生徒は直すまで教室に入れない。担任は厳しく指導を！　といった生徒指導体制で、精神的に追い詰められている」と相談したときの「星を望み　地を歩む」という言葉が強く印象に残っています。

言葉の意味を聞くと「理想（星）を忘れず、厳しい現実（地）の中でも地道に取り組む、という意味だ」と教えてくれた後、次のように続きました。

「教師の仕事は思った通りには進まないものだ。きみが言った、管理的な学校では学級担任が取り締まりの先頭に立たされ、もっとビシビシやれと責められるのもその一例だ。そんな教師の態度が生徒との信頼関係を壊すことも多い。学校の指導体制が学級担任の理想を許さない……。ここがつらいところだ。また、教師が生徒のためにやったことに保護者が苦情を言ってくることもある。生徒を指導したとき保護者が反発するケースも多い。そんなとき教師はどうすればいいか……。誤解だと思っても、その生徒に問題があっても、ひとまず相手の言い分を受け入れ『きっと理由があるはずだ』と考えて次の指導を考える。こうしたことも教師を苦しめる。日々、辞めたくなるような現実の中で教師は仕事をしている。それでも希望を捨てずに、良心的な教師仲間と協力して働きやすい学校をつくって、自分が理想とする教育に邁進してほしい……」という話でした。

家本先生の言葉からは授業や学級づくりや生徒指導の具体的な要点だけでなく、「教師の仕事とは何か」「子どもをどう捉えるか」「指導とは何か」といった教師の立ち位置を学んできたような気がします。先生の言葉を自分なりに咀嚼《そしゃく》して指導の拠り所にしてきました。そういう意味で家本先生は私を教師に育ててくれた恩師だと思っています。

家本先生の実践や著作からは、時代が変わっても現代の教育に通じる教師の知恵と技術を学ぶことができます。本書では若い先生方や教師をめざす学生のみなさんに、そうした家本先生の言葉を伝えたいと思って金言・至宝の言葉を紹介します。

本書は学事出版発行の月刊「生徒指導」誌に二〇一七年四月から二〇二三年三月まで六年間連載したものを再構成し、大幅に加筆修正したものです。また、取り上げた言葉には家本先生を慕って日本群読教育の会（一八頁参照）に結集し、共に活動した全国の先生方から伺った言葉も含まれています。

教師が日々の仕事を楽しく感じ、生徒が活き活きとする学校をつくる参考にしてほしいと思います。家本先生の言葉が、良心的な教育に励む先生たちを応援する有力な手引きとなることを願っています。

二〇二五年一月

**重水　健介**

もくじ

## 第2章　授業で押さえたい10の技術

## 第3章　自主性を育てる10のテクニック

## 第4章　問題に取り組む10のセオリー

## 第5章 「共育」の輪をつくる8の発想

# 序―― 家本芳郎先生を知らないみなさんへ

**家本　芳郎**（いえもと・よしろう）

一九三〇年東京生まれ。一九五〇年代から神奈川県の公立小中学校教師となり、横須賀市立鶴久保小学校、田浦中学校、不入斗《いりやまず》中学校、池上《いけがみ》中学校などに三〇数年勤務。担当教科は国語。

現職時代から全国生活指導研究協議会（全生研）に参加。一九八三年に池上中学校を最後に退職した後は、著述・研究・評論・講演活動に専念。著書多数。

全国教育文化研究所・日本群読教育の会を創設し、全国から自主的に参加する教師たちと共に研究集会や文化活動ワークショップの開催、さらに実践資料の収集等に取り組んだ。

二〇〇六年永眠。

家本芳郎先生は現職時代から全生研の中央常任委員として活動の中心となり、すぐれた実践記録や論文を数多く発表し、全国の教師に大きな影響を与えました。その実践テーマは「学級集団づくり」「学年集団づくり」「学校づくり」「教師集団づくり」「授業づくり」「文化活動（合唱・群読・集団遊び・演劇等）の指導」「国語の授業研究」「児童会・生徒会の指導」「専門委員会の指導」「保護者との共同」「子育て論」など多岐にわたるものでした。

とくに、非行・問題行動で荒れていた池上中学校（以下、池上中）を再建した取り組みと、「群読」発表会の構成。この二つは家本先生が追究した教育を象徴的に表すものだといえるでしょう。

一つ目の池上中の実践からは数年間を見通した実践構想や文化活動を題材にした学校づくり、それらを達成するまでの緻密な計画、日常的に続けられた教職員研修など、現代の学校教育に通用する教訓を学ぶことができます。

たとえば、校内の諸問題を管理的な手段で押さえ込むのではなく、「子どもが誇りを持てる学校をつくる」という指導方針を全教師で共通理解するところから実践を始めたことです。

では、彼らが自校に誇りを持ち自慢できる題材を何にするか……。

家本先生はスポーツや文化活動、生徒会活動などですぐれた成果を出している全国の有名校を片っ端から見て回りました。そして「すぐれた集団はすぐれた文化を持つ」の合い言葉と共に、全校で取り組んだのが「合唱」であり「自治活動」でした。

学級対抗で始めた合唱コンクールを全校合唱に発展させ、数年のうちに子どもたち自身が指導運営する「卒業生を励ます会」を市内の文化会館で開き、オーケストラをバックに全校合唱を披露するまでになりました。マスコミにも取り上げられ、全国の教師が見学に来るようになりました。

その間、教師は「全員参加・全員理解」を合い言葉に、時間割に位置づける形で日常的な教科研究や授業公開に取り組みました。

さらに、自治活動の指導では「三年を真似するな!から三年を見習おう!へ」というテーマを持って全教師でリーダーの育成に取り組みました。家本先生は一年生を三年連続で担任して学年の先進学級に育て、多くのリーダーを輩出させました。その後、彼らが生徒会中央委員や三役などの全校リーダーとなり、生徒会や行事の中心となって活躍しました。

こうした学校づくりのあらゆる場面での発案者、そして推進役が家本先生でした。

池上中の実践は『行事の創造』(民衆社、一九八〇年)に詳しく書かれています。

二つ目の特筆すべき実践が「群読」発表会の構成です。群読は大勢で詩文を読む、声の文化活動です。近年は群読をメインにした発表会を開く学校が増えました。以下は、家本先生が授業や研究集会等で実践してきたもので、教師向けの「群読」ワークショップでも取り上げた内容です。その流れを紹介します。

最初に全員で基本的な群読をした後、いくつかの教材を提示し、「これを群読してみたい」という希望作品ごとに学習者が集まります。たとえば次のような6グループができたとします。以下は板書の様子です。

1　詩　雨（山田今次）　④（丸数字は実際には赤い字で書いてある）
2　わらべ歌　ほたるこい　⑤
3　詩　かえるのぴょん（谷川俊太郎）　⑥
4　古典　平家物語より「壇ノ浦の合戦」　①
5　詩　山かつぎ（北原白秋）　②
6　詩　ゆきがふる（まど・みちお）　③

その後、グループごとに群読脚本づくりと練習です。先生は各グループをまわりながら「出だしを揃えるために指揮者を置きましたね。すごい！」とか「簡単な動作をつけました。良い工夫ですよ」などと、まわりにもわずかに聞こえるほどの声でほめました。

いよいよ1から6まで順番に群読発表です。各グループの群読が済んだら、すぐに丸数字のグループが感想を述べるという仕組みでした。1「雨」の感想は④「壇ノ浦の合戦」グループが述べる。2の

「ほたるこい」の感想は⑤「山かつぎ」グループが述べる……というようにです。こうすると全員が感想に参加できます。さらに発表会では一回だけ感想の役目が回るので、そこだけは特に集中し、他はリラックスして鑑賞できるというわけです。

さらに感想の述べ方として「良いところを見つけ、できるだけ三つ以上ほめてください」と約束事を伝えました。三つとしたのは、教育が「知・徳・体」の三領域で行われるからです。

感想グループが「強弱をつけた読みがすばらしかった」と発表すれば、先生は「降り続く雪の様子を声の強弱で表現した。教材解釈がすぐれていたということですね」（知識・理解＝知育）と返します。

「途中で失敗してもメンバー同士でカバーして最後まで読んだ」という感想には、「協力性という良い観点でほめてくれました」（関心・態度＝徳育）。

「教室中にはっきり聞こえる良い声だった」との感想には、「大きく明瞭な発声という読みの基本を評価しましたね」（技術＝体育）……と、感想グループをほめました。

つまり評価を評価したのです。先生のこんな言葉が「知・徳・体」という三領域を間接的に教えることにもなりました。また、感想を三つ以上述べたグループにはその番号に二重丸をつけ、「感想が多いほどすぐれている」という観点も教えました。こうして後半の感想グループほど内容が深く鋭いものになっていきました。

全グループの発表が終わったらアンコールです。ここでも参加者のやる気を引き出す工夫がありました。

「もう一回聞きたい発表をグループで二つ選んでください。二つのうち一つは自分のグループです」と自分たちも選ばせるのです。「最優秀を選んで」と言えば、優劣を競うようになりますが、「アンコールを選んで」は優劣決めとはニュアンスが違って、選にもれても傷つくことが少ない。なにより少なくとも自分たちの一票が入っています。

最多の票を得たグループに再度演じてもらった後、先生が感想で取り上げられなかったそのグループの良い点をほめて発表会を終えました。

こうした指導に、参加者の肯定面を取り上げてそれを伸ばす姿勢や、自らやろうとする意欲の引き出し方など、家本先生がめざした教育の本質を感じるのです。

また、家本先生は子どものために努力し学び続ける教師を応援する人でした。

「子どもを脅したり言葉や暴力で傷つけたり人権を踏みにじったりしなければ、教師の仕事に制約はない。型破りの教師になって思い切りやってほしい」と励ましてくれました。

そして家本先生のまわりにはいつも全国から教師が集まりました。

話を聞きたい。一緒に活動したい。ふれあう中から何かを学びたい。

家本先生は多くの教師の憧れであり目標となる存在でした。

※全国生活指導研究協議会（全生研）
一九五九年に結成され、六〇有余年の歴史を持つ民間教育研究団体。全国の支部を基礎に小・中学校の教師を中心に研究者も交えた実践交流と研究討議を積み重ね、夏の全国大会の「大会基調」による研究運動方針は、ひろく日本の教育課題を反映したものである。機関誌は『生活指導』（高文研）。

※日本群読教育の会
「声の文化」としての群読を研究し、実践する有志の会として家本先生が創設。毎月のメールによる会報発行、年に一度の全国研究大会、群読実技講座の講師派遣などの活動を行っている。

(https://gundoku.com/)

※家本芳郎先生の実践記録や論文の詳細は先生ご自身が「教育大百科」としてまとめられました。現在は、日本群読教育の会が管理し web 上で公開（有料）しています。
閲覧ご希望の方は、重水健介　kysn.3974@ab.auone-net.jp　まで、その旨お知らせください。

# 第1章
# 生徒に向き合う12の基本姿勢

# 1　教師に必要な三つの力

## ◈知識と情熱だけで教育はできない

新任の年に担任した生徒の五〇歳を記念する同窓会に招かれました。談笑しながら当時のことが鮮明に蘇ってきました。ある程度の知識とやる気だけで生徒に向かい、困難に直面しては投げ出しそうになった自分のことを思い出し、忸怩《じくじ》たる思いにかられたものです。

そんな新任時代、読書会の題材にした家本先生の本に書かれていた言葉です。

> 知識と情熱だけで教育が成功するのは若い時代だけです。しかし長くは続きません。教師には「指導」「人格」「管理」の三つの力が必要です。同僚や生徒たちだけでなく、書物やサークルで学びながら、力を高めていきたいものです。

## ◈教師に必要な三つの力

家本先生は教育力を「子どもへの肯定的な影響力」と定義し、それは前述の三つの力によって成り立っとしています。

### ①指導の力

指導の力とは「生徒のやる気を引き出す力」といえるでしょう。具体的には「……をやろうよ、と呼びかける」「ほめる」「助言する」「励ます」「叱る」「注意する」「説諭する」「手本を示す」など、数十通りのパターンがあります。

そして、それらの核心は「説得」です。たとえば、「いじめをなくそう」と教師が訴えたとき、その言葉に生徒たちが本気で納得し、「先生の言う通りだ。クラス内のいじめをやめさせよう」と考え、動き出さなければ解決しません。この「教師の言葉に生徒たちが本気で納得する」働きかけが説得であり、すべての指導の出発点になります。

### ②人格の力

生徒から好かれ、信頼され、慕われる。これが人格の力です。教師の言葉を生徒が受けとめる前提となるものです。生徒から嫌われ、信頼されていない教師が正しいことを言っても、生徒は聞こうとしません。ここで一つ疑問がわきます。人格の力は個々の教師が生まれつき備えている能力や魅力のように思えて、自分には自信がない。そんな教師はどうすればいいのかという疑問です。この点について「人格の力は教師自身の努力で身に付けることができる。基本はほめる力だ」と家本先生は述べています。私は次のように解釈しています。

ほめるとは、生徒の言動や考え方、表現の中から、「真＝正しいこと」「善＝良いこと」「美＝美しいこと」を見つけ、それを示してやる。つまり、事実に基づいて肯定面を評価することです。事実や根拠なしにほめるのは「おだてる」です。

ほめるには生徒をよく見ないといけません。生徒を見る目が鍛えられます。

・毎日、帰りの会で三つほめる。
・ほめる材料を見つけたら、その場でメモ帳に書き込む。
・肯定面が見つからない生徒には助言して、なにか良いことをさせ、その行為をほめる。

これらは私がやってきたことです。また、ほめるとは「あなたにはこんな良いところがある」と教えることであり、それにより生徒は嬉しくなり、自信がつき、ほめてくれる教師を好きになる。こうして信頼の気持ちが芽生えていきます。

### ③管理の力

管理の力とは「生徒の生命を守る力」です。たとえば、修学旅行で生徒が行方不明になったら大変です。だから集合時には必ず人数を確認します。あるいは、保護者が提出した書類を教師が紛失するようでは信頼されなくなるでしょう。これらは必要な管理の力です。

「管理主義」とは違います。「管理主義」は校則を徹底し、力を背景にした指導で生徒を型にはめ込み、統一した行動や見た目の規律正しさを追求する教育です。

私が所属する日本群読教育の会では毎年全国規模の研究集会を開き、各分科会の会場責任者が次のような活動をしています。

・学習管理—レジメや資料不足分の調達。音響や映像機器等の設置。
・時間管理—時間内で予定内容が進むよう司会や講師に働きかける。
・健康管理—参加者に病人が出た場合の世話、空調や照明の適切化。
・危機管理—突発的な事態に、参加者の安全確保につとめる。

これらの管理は学校でも毎日行われます。朝から生徒の出欠席を確認して、彼らの健康状態を把握し、その後は日課に従って一日が進む、というようにです。教師によるこうした管理が成立した上で、指導の力や人格の力が生徒へのプラスの影響力として発揮されます。

教師は「指導」「人格」「管理」の力を身に付けるべく学び続けたいものです。

## 2 「がんばれ」と言い過ぎるな

### ◈つい言ってしまう「がんばれ」

教師は子どもに対して「がんばれ」と言い過ぎではないでしょうか。

まさに同感です。たとえば次のようにです。

①朝から廊下ですれちがった生徒に「おはよう！　がんばってる？」

②帰りの会で「今日もよくがんばったね。明日もがんばろう」

③活動の後でリーダーに対して「専門委員会の進行をよくがんばっていたね」

④問題行動の指導後、そのまとめとして「次からがんばりなさい」

⑤試合や発表を控えた生徒たちを励ますときに「がんばってください！」

⑥生徒の悩みを聞き、相談を受けた後「がんばれ」「負けずにがんばるんだよ」

「がんばれ」は当たり障りのない便利な言葉である反面、抽象的で曖昧な言葉でもあります。私はなるべく使わないように心がけてきました。後に家本先生からも「教師は『がんばれ』と言わないようにしよう」という話を聞き、安心したことがあります。

## ◈何をがんばればいいというのか

いじめを受けている生徒に「負けずにがんばれ」と教師が迫れば、その生徒をますます追い込むことになりかねません。言葉をかけるなら「がんばれ」ではなく「助けを求めていいんだ」「私はあなたの味方だよ」ではないでしょうか。

震災で親と兄弟姉妹をすべて失った生徒に、まわりの大人の、そして教師の「がんばれ」という言葉はどう聞こえただろうか。その生徒にこれ以上何をがんばれと言うのか――そんな新聞の記事を以前読んだこともあります。こうした急場での「がんばれ」は生徒を傷つける場合があることを、教師は知っておきたいものです。

日常的な場面でも、生徒を励まし、力づけようとして安易に「がんばれ」と言っていないでしょうか。

では、前述の①～⑥の例ではどう話すものでしょうか。

①廊下ですれちがった生徒には「おはよう！　ずいぶん寒くなったね。寒いのは平気？」「先週の試合みてたよ。ナイスシュートだったね」「元気がないように見えるけど具合悪い？」など、その生徒に応じた声かけができればよいでしょう。

②帰りの会を終えた生徒たちには、「今日も一日お疲れさま。気をつけて帰ってくださいね」。

③活動後のリーダーには、まず「お疲れさま」。次いで「今日の委員会では議題を三つに整理して示した点がよかった。すぐに多数決にせず反対意見をもとめ、引き出した進行も見事だった」と具体的にほめます。

④問題行動の指導を終えたら、「あなたが述べた今後の決意を応援しているよ」とその生徒の反省や決意を受けとめ、後押ししてやりたいものです。

⑤試合や発表を控えた生徒には「練習の成果が発揮できるよう祈っています！」。

⑥悩んでいる生徒の話を聞いた後は「つらかったね」「大変な思いをしてきたんだね」などの共感的な言葉かけがよいのではないでしょうか。

## ◆指導言を磨く

先日、合唱指導では世界トップレベルの音楽家が小中一貫校の合唱部を一週間指導するというテレビ番組があり、指導の様子と生徒たちの葛藤や成長が紹介されました。歌声と共に合唱に向かう集中性にも大きな高まりが見られました。音楽家は指導の際に「がんばれ」ではなく、場面に応じた多様な言葉で指導していました。

また、たとえばスポーツのコーチが選手を指導するときは技術面をチェックして、改善・矯正に向けた助言をするでしょう。「がんばれ」とハッパをかけるだけのコーチはいないはずです。教師の仕事も同じように考えていいのではないでしょうか。

生徒と接するすべての場面で「がんばれ」を使わないよう心がけると、必然的に言葉を探すことになります。「がんばれ」でまとめようとせず、言葉を工夫して生徒に伝えるのです。

ここが大切なのではないでしょうか。すぐれた教師はいろいろな会話の言葉や指導の言葉を持っているものです。「がんばれを禁句にする」とは「がんばれ」と言わずに生徒の良さを引き出す。そう心がけることで教師の指導力も高まっていく。そんなふうに家本先生の言葉を解釈しています。

# 3 「愛の鞭」は「愛の無知」

## ◆体罰を肯定する人がいる

有名なジャズ奏者が中学生の頬を平手打ちするという暴力行為が報道されました。指導している中学生の演奏会中、ある生徒の演奏態度に立腹して、ステージ上で暴力をふるったようです。いくつかのテレビでも取り上げられ、ほとんどは批判的に扱っていました。

一方で、ときには暴力も指導の一つとして容認できるとする街頭の声や出演者の意見を紹介する番組もあります。

では、暴力を受けた生徒自身はどう思っているでしょうか。

先日還暦の同窓会があり、準備段階で世話役の一人として中学時代の同級生に電話で参加を呼びかけました。その中で、数人から「昔、A先生にひっぱたかれたことがある。A先生には会いたくない」とか「B先生にはこっぴどく殴られた。今でも嫌いだ」と教師の暴力への恨み言を聞きました。体罰は五〇年近く過ぎても嫌な記憶として残っているのです。

## ◈体罰肯定の理由を考える

「体罰」とは懲戒の目的で肉体的・精神的な苦痛を与えることです。体罰で何を教えることができるでしょうか。そもそも「体罰もあり」なのでしょうか。

あるとき家本先生を囲む食事会で体罰の話題になったことがあります。体罰を肯定する人の気持ちになって、その場のみんなで、理由を挙げてみたものです。

①「うちの子は叩いてかまいません。厳しくやってください」という保護者の声があるときはいいのではないか。

②悪い行為をしそうになると体罰を思い出してやめようとする。効果があるのだから生徒をけがさせない程度の体罰はやってもよい。

③いじめのように人として許せない行為に対して、怒りや制止させたい気持ちが昂じて体罰につながる。熱心さからの体罰は理解されるべき。

④ひ弱に見られたり、女性教師だからということでなめられたりしないために体罰をしている場合もあるだろう。

⑤「愛の鞭」という言葉がある。生徒への愛から発せられたものであれば、体罰は許される。

こうしていくつか挙げた後で、それぞれをみんなで検証していきました。こうした会話の中で、家本先生は断定し結論づけるような言い方をせず、その場の教師たちの自由な考えや意見表明を促すところがありました。自身の発言にまわりが無自覚に賛同しないようにし、逆に意見が合わないときも反論しやすいようにとの配慮からだったのでしょう。

次のような意見が出ました。

①保護者が体罰を支持しているように聞こえるが、「厳しく指導してほしい」という気持ちを強く形容しているだけ。真に受けて叩いた教師がこうした保護者から訴えられた例は多い。

②「こんなことをすると先生に叩かれる。だからやめよう」という自制心は育つだろうが、叩く教師がいない場面では悪い行為を続けるかもしれない。叩かれることを怖がらず、さらに反撃さえするようになった生徒には体罰が効かなくなる。

③人として許せないことに対して、教師の感情を率直にぶつけるのは悪いことではないが、それを体罰に結びつけてはいけない。何を「許せない」と見るかも、各教師で違う。感情的になって殴ってしまったときの言い訳にすぎない。

④生徒を叩いて「甘く見るなよ」「怒ったらこわいぞ」と誇示するのは、そうしないと指導できなくさせている教師や教師集団に問題がある。暴力的・威圧的な指導が主流となっていないか。腕力が

弱くても、女性であっても体罰なしで指導できる職場に変えるべきだ。

## ◆「愛の鞭」は「愛の無知」

⑤では「愛の鞭は認められると言うなら、すべての体罰が肯定されてしまう」と、ある教師が述べ、それを受けて家本先生が次のように続けました。

> 「愛の鞭」論を唱える人も多くいます。しかし愛情から発した体罰は子どもに伝わると思っているのはその教師だけで、本当は鞭（＝暴力）の恐怖が指導を成立させているだけです。体罰なしに指導して子どもを良くした例はいくらでもあります。「愛の鞭」という考え方を敷衍《ふえん》すると体罰をしない教師は子どもへの愛がないことにもなってしまいます。「愛の鞭」は「愛の無知」そのものなのです。

なお、学校教育法第十一条においても教員の体罰は禁止されていることを最後に付け加えておきます。

## 4 「人に迷惑をかけよう」と教えよう

### ◈わが子をなくした父親の手紙

「人に迷惑をかけよう」とは家本先生の教育講演会のレジュメにあった項目です。負のイメージを持つこの言葉が何を意味するのだろうかと興味を持ちました。それは、わが子がいじめを苦に自死した父親の話でした。ありし日のわが子を偲んだ手紙を新聞に投稿したそうです。

その手紙は「手のかからない、いい子だった」という文で始まり、その後、子どもを失った悲しみが綴られていました。この「手のかからない子」という言い方には「育てやすい」とか「親の言うことをよく聞く」というように肯定的な意味が感じられます。

しかし、家本先生は違いました。「手がかからない」は要注意だというのです。

**子どもはもともと手がかかるものです。乳児期、幼児期、学童期と親の手を煩わせて育ちます。少しずつ自立の力が育ち、手がかからなくなったと思ったら、今度は進学等で金がかかる、と**

いうように、いつまでも親を心配させ、迷惑をかけながら育つのです。だとすれば、手のかからない子は、親に迷惑をかけようとしない、親に頼ろうとしない、立派な生き方をしているように見えます。しかし、困難を自力で乗り越えられず、かといって親にも教師にも頼らず、自死という最大の迷惑をかけ、最大の悲しみを与えて人生を終えたら、親は絶望するでしょう。「一言でも悩みを話してほしかった。相談してほしかった。もっと親に迷惑をかけてほしかった」と悔やまずにはいられないはず。「手のかからない子」に対しては、人に迷惑をかけまいと必死に何かを耐えているのではないかと注意深く見てやることが大切です。

## ◆道徳観にしばられている

それにしても、その子は自死する前に、なぜいじめのことを親や教師に相談しなかったのでしょう。私は次のような理由を考えました。

①親や教師に相談したことがわかると、もっとひどくいじめられるから。
②過去に教師に相談しても解決されず、今回も無駄だと思ったから。
③親や教師を煩わせたくない。親を悲しませたくない、心配させたくないという気持ちから。

家本先生も同じ考えでした。ただし、最後にこうつけ加えました。


誰にも相談せず、助けを求めないのは、「人に迷惑をかけるのは不道徳な行為だ」というモラルが邪魔をしているからではないでしょうか。小さい頃から親や教師に「人に迷惑をかけるな」と教えられているからではないでしょうか。

しかし、この「人に迷惑をかけるな」には前提があります。困ったときには、「助けてほしい」と人に救いを求めてよいという前提です。ただ、この前提はほとんど教えられてきませんでした。その結果「人に迷惑をかけるな」だけが強調され、手のかからない、人に迷惑をかけないことが立派な生き方だと評価されてきたのです。

こうして、いじめのように自分で解決できない重い苦しみや悩みを、誰にも相談せず、救いを求めないいまま、押しつぶされてしまう子がいなかったでしょうか。

## ◆「困ったときには迷惑をかけよう」と教えよう

この話をすぐにでも生徒や保護者にも伝えたいと思い、次のようなことを学級で話し、保護者会で説明し、学級通信で紹介しました。

・「人に迷惑をかけない」生き方は立派な生き方だ。しかし、自分だけで苦しみをかかえ込むことは本当に立派だといえるのだろうか。

・自分の力で解決できない困ったことがあったら、ひとりで苦しまなくていい。人に助けを求めよう。誰かに「助けて」と話そう。それは親でも、きょうだいでも、学校や塾の先生でも、友人でも、あなたが信頼できる人なら誰でもいい。あなたを支える人がきっといます。私はその一人です。

・「困ったときには人に迷惑をかけよう」この考えを仲間同士で共有しよう。

・最後に、人に助けを求めることは、決して人に迷惑をかけることではない。不道徳な行為でもない。だから安心して助けを求めよう。

生徒や保護者にはこうしたことを伝え続けたいものです。

# 5 「誰にも言わないから」という約束は守るべきか

## ◆「親には言わないから」という約束は守るべきか

問題が起きて生徒から事情を聞いていると、なかなか本当のことを話そうとしないことがあります。そんなとき、「親には黙っておくから正直に話して」「他の先生には言わないから」などと約束して事実を聞き出したとしたら、この約束は守るべきでしょうか。

以前、職場の学習会が開かれ、こんなテーマで話し合ったことがあります。いろいろな意見が出ました。

①絶対に守るべき――誰かに話せば、生徒に嘘をついたことになる。教育の場で嘘は良くない。生徒からの信頼も失ってしまう。

②内容次第では誰かに告げてよい――「親に言わない」と言って聞いたことでも、その内容によっては、親に知らせてよいこともある。

③ばれなければ嘘をついてよい――生徒との約束を破って、誰かに話したとしても、その生徒が気づ

かなければよい。生徒から聞いた事実を保護者やまわりの教師に伝えた後で、「私（教師）から聞いたことは黙っていてください」と頼む。

私は「誰にも言わないから」という聞き方をしたことはありませんが、もしそんな約束をしたら、相手が大人や子どもに関係なく約束を守るべきだと思います。守れない、あるいは守る気のない約束はしないということです。こんな意見を述べると「万引きや妊娠や薬物使用などの場合でも親や教師に知らせないのか」と反論されました。

そんな場合は放っておくのではなく、自分で親に話すように説得し、その生徒が躊躇《ちゅうちょ》する場合は「先生も一緒について行こうか」と励ますなどして自分で話すように促すべきでしょう。

それでもためらうときは「これは大切なことだから、きみの親に先生から事実を話していいかな」と告げ、その生徒が納得し、了承したところで保護者に伝えます。

どんな対応を正解とみるかは教師の子ども観や教育観が問われるところでしょう。

## ◈ついてよい嘘、ダメな嘘

「生徒との約束を破る」「生徒に嘘をつく」。こうしたことを考えるとき、家本先生の言葉を思い出します。

## 小嘘はよくても大嘘はダメ。

小嘘・大嘘を私は次のように解釈しています。

### ◆小嘘の例

①合唱コンクールの学級練習で、実行委員を中心にみんながんばっていたが、なかなか上達せず練習が行き詰まった。⏎

「この曲は高校生の課題曲なんだから、中三のみんなには難しくて当然です。易しい曲に替えたらどうかな」と挑発したことがあります。「高校生相当の難易度」が嘘です。このような、生徒の意欲を引き出す嘘は「小嘘」として許されるでしょう。ただし、毎回こんな言い方では、生徒たちに見透かされます。

②授業中、自信満々で挙手した生徒を指名すると、答えが間違っていた。⏎

「Aさんの答えには大切なポイントが隠されています。じつは先生も中学生の頃、数学が苦手で、Aさんと同じ間違いをしました」と言って説明します。こんな教師の「小嘘」がつまずいた生徒をフォローすることになります。そんな教師の姿を生徒たちは好ましく感じるのではないでしょうか。

ただし、成功談や自慢話は生徒に支持されないので慎むべきでしょう。

③遠足で生徒たちと弁当を食べていたら、一人のおとなしい女子が手を滑らせておにぎりを落とした。その生徒は泣きそうな顔で下を向いてしまった。⏎
その瞬間、一緒にいた教師もおにぎりを落としました。そして「今日はおにぎりがよく転がる日だね。汚れた所以外は大丈夫かな」と言って食べはじめました。教師の行為がその場の雰囲気を明るくし、先の女子も笑顔に戻りました。

④卒業式の入場時、シートに足を取られてつまずいた生徒に「大丈夫？」と駆け寄った教師が同じように転んだこともあります。もちろん故意に転んだものです。体育館に小さな笑いが起きましたが、その生徒は救われた気がしたでしょう。こうした教師の演技も「小嘘」といえるのではないでしょうか。

生徒を救う「小嘘」に対して、たとえば「三人のうち二人は万引きを白状した。きみはどうだ？」などの卑怯な嘘やモラルに反するような嘘を「大嘘」と呼び、教師は「大嘘」は絶対にやめるべきだと訴えているのです。私はそんな意味の言葉だと考えています。

# 6　生徒の話を共感的に聞く技術

## ◆受容って難しい

「生徒の気持ちに寄り添う」とか、「共感的に関わる」などと言うことがあります。生徒の話に、「私も同じ気持ちだよ」「あなたの考えはよく理解できます」とその気持ちや感情に同調することです。「先生の言うとおりだ。みんな、やろうよ」と意欲を育て、「自分が間違っていた。次からは失敗を繰り返さないようにするぞ」と素直な反省を引き出すのは、こうした教師の共感的な態度が生徒に伝わるときではないでしょうか。

その共感の前提になるのは「受容」です。相手の考えや感情をそのまま受けとめることです。この受容が私には難しく、よく失敗したものです。生徒の話を、つい途中で遮り、自分の意見を述べてしまうのです。次のようにです。

①「進路調査の提出を忘れました」と申し出た生徒に、「なぜこんな大切なものを忘れるの？」「……」「進路をまじめに考えているのですか？」「……」と、その場で反射的に叱責してしまいました。何

か理由があったのではないかと、あとで反省しました。

②ある生徒が「授業が面白くない」「なぜ勉強しなければいけないの？」と問いかけてきたことがありました。私は「まじめに勉強して学習内容がわかってきたら、きっと面白く感じるよ。自分の授業態度を見直すことから始めたらどうかな」と、説教調で返事をしました。

③「先生。今日の体育は疲れた〜！」などと生徒が話しかけると「若者が弱音をはくな」とか、「年長者にその話し方はどうかな？」と新任時代の私は返答していました。親しみを込めて話しかける生徒に、もっと温かい言葉で対応してやればよかったと反省しています。

④けんかをした一方の生徒から事情を聞くと、「Aが先に約束を破った。その上、僕の悪口をクラスで言いふらした」と話し始めました。それに対して「しかし先に手を出したのはあなただ。どんな理由があっても暴力はダメじゃないのか」と、けんかの原因よりも暴力ふるったことの謝罪を優先させました。

## ◈「愛」という字は心を受けてノをつけよ

①〜④のような対応が続けていけば、生徒は教師を信頼しなくなり、次第に何も話さなくなるのではないでしょうか。家本先生から、生徒を受容する方法として「愛という字は心を受けてノをつけよ」と教わったことがあります。

「心」を「受」けて「ノ」をつけると、「愛」という漢字ができます。この字のように、相手の心を受けとめ、それがこちらにも伝わったことを示すために、「ノ」をつけて返しなさい。それが愛のある接し方です。

これを先の①〜④の例では、次のような応答になるでしょうか。

①「進路調査の提出を忘れました」

「進路調査を忘れたの？」、「家族で話し合ったんですが……」⇓「家族で話し合ったのですね」、「親と私の意見が合わなくて……」⇓「親との意見が合わなかったの？」、「私はA高校に進みたいのですが……」

②「授業が面白くない」

「勉強が面白くないの？」、「なぜ勉強しなければいけないんですか？」⇓「勉強の意味を考えているのね」、「はい。やっぱり将来役立つのかな」⇓「将来役立つと考えたの。すごいね」

③「先生。今日の体育は疲れた〜」

「体育で疲れたの？」、「はい。長距離だったんです」⇓「長距離走だったの？」、「長距離は嫌い。球技が好き」⇓「球技の中では何が好きなの？」

④「Ａが先に約束を破った」

「Ａの約束破りがきっかけなのか」、「それにＡは僕の悪口を言いふらした」⇓「きみの悪口まで言いふらしたの」、「でも、先に叩いたのは僕で、そこはＡに悪かったなと思っています」⇓「Ａに暴力をふるったことは悪かったと反省しているの」、「はい」

これは家庭でも通用する話法です。

たとえば、生徒が「テストが悪かった」と言ってきたら「勉強しなかったからよ！」と叱る前に、「点数が悪かったの」と悔しい気持ちを受けとめます。

すると、「テスト勉強しなかったんだ」↓「テスト勉強をしなかったの」、「次はがんばるよ」↓「次はがんばるの」、「うん！」。いつもこのように会話が進むとは限りませんが、相手を受容するためのすぐれた話法を教わったと思っています。

これは「くり返しの技法」とも呼ばれ相手の話を促すカウンセリングの技法であることを後に知りました。

# 7　指導には「大小軽重」が必要

## ◈どこかおかしい二つの事例

### ①黙って他人のお茶を飲んだ生徒の話

その学校に勤務していた妻から聞いた話です。ある男子生徒が他生徒の水筒から、黙ってお茶を飲むという事件が起きました。教室に誰もいない間に飲んだようです。被害にあった生徒が「お茶が減っている」と騒ぎ出し、担任が調べて事実がわかりました。「そんなことをしちゃダメだ」と注意すると、「軽いノリでやってしまいました」と答えたそうです。その後、相手に謝らせてその場を収めたといいます。

職員室では、数人の教師が水筒事件について談笑していました。その会話が聞こえてきた妻が「もっと徹底的に指導すべきじゃないの」と話に加わると、「先生、そんなムキにならなくても……。クラス内のいたずらじゃないですか」と返されたそうです。

### ②「眉剃り」は「悪」なのか

眉を剃って細く整えるファッションが流行し、まねをする中学生が続出したときです。勤務校でも生徒指導部が「眉剃り禁止」の徹底を担任に求めました。

眉を剃った生徒は、学年の全教師に囲まれ、長時間にわたって指導されました。進路判定に悪い影響を及ぼすと脅す教師もいましたし、部活の公的な大会に出場させないという規定まで作られました。

「眉剃りを奨励する気はないが、かといってそんなに大問題だろうか」——そう思いながらも担任として指導しなければなりませんでした。そこでは、眉剃りはだめだ、と生徒を説得できず（「眉剃りが悪い」という内容が間違いだから説得できなくて当然ですが）、結局強引に指導し、その結果、生徒との信頼関係を壊すことが多々ありました。

その後、こうした本意ではない指導に労力を費やすのがばからしくなり、ほどほどに指導するようにしました。ただし、今度は一部の教師たちと険悪な関係になってしまいました。

「眉剃り」だけでなく、「靴下は白のみ。ワンポイントまで可」とか、「制服の下はカッターシャツのみ。Ｔシャツは禁止」などという規則の指導を要請されるたびに辟易《へきえき》したものです。

## ◆学校の常識は世間の非常識

二つの事例での教師の考え方や対応はよくあることですが、何か変です。水筒の件は窃盗であり、笑いながら謝らせてすむ問題でしょうか。一方、「眉剃り」は全校をあげて指導に全力を注ぐような問題とは思えません。

「学校の常識＝世間の非常識」です。あらためて「指導に大小軽重を」という家本先生の言葉が浮かびます。教育の本質を見失わないようにしたいものです。

「大・重」は徹底的に指導すべきこと、「小・軽」はほどほどの指導でよいことです。教師は生徒の行為が「大・重」なのか「小・軽」なのかを見きわめた上で指導すべきだと教えてくれます。

## ◈大・重の指導が必要なとき

では、「大・重」の指導が必要な行為とはどんなものでしょうか。

・いじめ　・差別　・人のものを盗む　・人の生命や体を傷つける　・人を陥れる

と、挙げていけばいろいろな行為が考えられます。ここに、「眉剃り」や「靴下の色の違反」は含まれません。

家本先生は次のようにまとめています。

**大・重の指導が必要なのは、人類のきまりに違反し、人倫に悖《もと》り、道徳に反し、人類共存を危うくするときです。放っておくと、大人になって大変なことになると思われる行為です。**

## ◆学校では大・重の指導を徹底する

「大小軽重」の視点で①の水筒事件を見ると「大・重」「小・軽」のどちらでしょう。本心から反省していなければ、同じ行為をくり返す可能性があります。将来、万引きや窃盗のような犯罪につながるかもしれません。

「大・重」の行為だと見て、その生徒が本心から反省し、もうしないと決意するまで指導すべきではないでしょうか。

②の眉そりは明らかです。眉剃りは流行ですから、流行が廃ればやみます。いつかは終わるのですから目くじらを立てて取り組むことではないと思うのです。

「流行を追ってはダメ」「おしゃれはダメ」と「何でも禁止」にする前に、行為の「大小軽重」を判断した上で、徹底的に、または、ほどほどに指導すべきです。

学校は「大・重」の指導を徹底するところであることを忘れないようにしましょう。

# 8　調査なくして発言権なし

## ◈「ご指導を！」に過剰反応した失敗

いろいろな分掌の教師から毎日のように生徒の問題が指摘され、「担任はご指導ください」と迫られることがあります。

・昼休みに室内でボール遊びをするなど騒々しい状態が続いています。事故を防ぐためにも厳しくご指導ください。

・まじめに掃除をしていない学級が多い。掃除場所にいない生徒もいるようだ。担任は学級で指導してほしい。

・名札を付けていない生徒が目立ちます。担任は着用を徹底させてください。

こう言われた後も生徒の問題が続けば、それは担任の指導力不足を露呈することになると感じていた時期があります。

その都度、教室に行き、係教師の言葉をなぞるように伝え、その結果、生徒たちとの関係を壊し、学級の雰囲気を悪くする。そんな経験をしたことがあります。「担任はご指導ください」の言葉に過剰反応したが故の失敗でした。そんなときに次の言葉を聞きました。

**「調査なくして発言権なし」です。**

## ◈事実を知れば指導を工夫できる

昼休みの過ごし方では、とにかく静かに過ごさせようとして注意や叱責をくり返し、見違えるほど改善されました。しかし今度は、数人の生徒が体育倉庫や校舎裏などの隠れた場所で飲食をし、スマホのゲームをするなど、別の問題が起きてしまったのです。

ここではまず昼休みの様子を観察し、事実を把握することから始めるべきでした。たとえば「ボール遊びなど、騒々しくしているのは特定の数人」「トランプなどの室内ゲームをすべて禁止にしていることも原因ではないか」「体育館の使用割当が正しく運用されていない」など詳しい実態や原因がわかります。

その時点で、該当生徒への個別指導だけでなく、生徒会に室内ゲームの許可を求めるよう促す。生徒と共に体育館の公平な使用に取り組むなど、具体的な手立てを工夫します。このように状況に応じた指導をすることによって新たな問題を防げたかもしれません。

## ◆次第に教師の指導が通じなくなる

以前、所属する研究会で、ある教師から事実無根の非難を受け、それ以来その人を信頼できなくなったことがあります。生徒も同じです。「事実に基づかない注意」が繰り返されると、生徒は教師を嫌うようになり、指導に従わなくなります。

たとえば掃除について、「最近、掃除の状態がよくないと点検係が言っています。各班、もっと丁寧に取り組みなさい」と教師が注意したとき、実際はどの班も毎日まじめにやっていたとすれば、教師は的外れの注意をしていることになります。

こうして「サボるな」「まじめにやれ」と事実にそぐわない言葉を繰り返すうちに、生徒は「先生は何も知らないくせに注意ばかりする」と反発心を持ち、さらに「また注意された。でも関係ない」と教師の話を聞かなくなる。または、面従腹背《めんじゅうふくはい》の態度を取るようになります。

これでは本当に指導が必要な場面で教師の言葉が通じなくなるでしょう。こうしたことを考えていた頃、「調査なくして発言権なし」という言葉を知りました。指導のあり方について、

①事実を把握した上で指導を構想する。

②「指導＝注意」ではない。

という二つを教えてくれた言葉です。

## ◈失敗を繰り返さないと決意した事例

数年後に中三を担任したとき、この言葉の重要性を再認識する経験をしました。帰りの会を終えて職員室に戻り、数分後に始まる会議の準備をしていると、Aという女子が私の座席に寄ってきました。彼女はまじめで穏やかな生徒でした。「どうしたの？」と聞くと「南公園に落書きがあったので報告に来ました」と言います。南公園は校区内の公園です。

その後、「何が書いてあったのですか？」「人の悪口です」「公共の場である公園に悪口とは許せないね。消さなきゃね。いつ見つけたの？」「昨日の下校中です」と話すうちに会議の時間になったので、「情報をありがとう。後で見に行くね」と彼女を帰しました。その日は会議が長引いたこともあって、結局、公園に行ったのは翌日の放課後になりました。そこにはAが言った通り、ベンチにマジックで書かれた数か所の落書きがありました。ただし、それはすべてAを中傷するものでした。昨日、Aが伝えたかったのはこれだったのです。なぜAが「自分の悪口が書いてあった」と言わなかったのかはわかりませんが、彼女の話をそれ以上深く聞くこともなく私は一般的な落書きの報告だと思い込み、「消さなきゃね」と間の抜けた返事をしていたのでした。すぐに彼女の家に行って確認が遅れたことをAと保護者に謝り、その後の指導を約束しました。

この事例が「調査なくして発言権なし」の徹底を自分自身であらためて決意するきっかけになりました。

# 9　聞き上手になる六つのセオリー

## ◆慕われる教師の共通点

生徒から好かれ、慕われる教師を何人も見てきました。当初はそんな教師たちを、明朗で誠実な人柄が生徒を惹きつけるのだろうと考えていました。しかし、それだけではありませんでした。

彼らには「生徒の話を上手に聞く」という共通点があったのです。どんな場面でも、彼らは生徒の話を根気強く聞いていました。そんな様子を見て、教師には「話す」だけでなく「聞く」技術も必要だと思うようになりました。その頃に聞いた家本先生の言葉です。

次のセオリーをふまえて、生徒の話を上手に聞くことのできる教師になりましょう。

①内容を否定しない。

②まずは、感情を受けとめる。

③途中で遮らない。

④静かな環境や雰囲気も大切。

⑤的確に反応してやる。

## ◆話を聞く六つのセオリー

私はこれに「嫌な話題は受け流す」を加えた六つを心がけてきました。

各項目を次のように捉えています。

### ①内容を否定しない

たとえば、「先生、『君の名は。』観た？」と、生徒が流行の映画について話してきたとき、教師が「私は映画には興味ないんだ」と返事をしたらどうでしょう。教師と映画の楽しさを共有したいと思っていたその生徒の気持ちは一瞬で消えてしまうでしょう。

ここは気楽な世間話ですから、生徒が気持ちよく話せるよう「話題の映画だよね。どうだった？」というように受けてやるところだと思うのです。

生徒は自分の話が教師から否定されないと感じれば、その後もいろいろな機会に話しかけてくるはずです。

### ②まずは、感情を受けとめる

以前、部活の練習計画について生徒と話していたら、いつの間にかその生徒から、試合の相手だった他校生徒と親しくなった話を聞かせられたことがあります。このように、子どもの話は途中で内容が変わったり、つじつまが合わなくなったりしがちです。

これは大人でもよく起こります。会議での発言のように、聞き手を説得するという意図を持って話さないからでしょう。子どもならなおさらです。

したがって、論理の飛躍や矛盾があっても、指摘したり正したりせず、まずは、その生徒が伝えようとしている事実や感情を聞いてやる。このことを優先しようというのです。

紹介した部活の話をした生徒には、「試合を通して友人ができたんだね」と返事をしてやるところでしょう。

**③途中で遮らない**

生徒の話を聞いていて、態度や言葉遣いなどを注意し、直させたくなることがあります。しかし、ここでも、まずは最後まで聞き、その後で必要な注意をします。途中で話を中断させられると、気勢がそがれ、また、何回も話を遮られると、だんだん話す意欲が薄らいでしまうからです。

**④静かな環境や雰囲気も大切**

騒々しい場所では、気が散って話しにくいものです。日常会話ならそれでもよいでしょうが、まじめな相談や悩みなどを聞く場合は、相談室のように、集中して話せる、静かな環境に移動させて、個別に聞きます。

**⑤的確に反応してやる**

簡単な対応として、話の区切りで生徒が言った言葉を繰り返す技法があります。たとえば、生徒が「次は体育か。嫌だな」と言えば、「体育の授業が嫌なの」というように応じる。これは「繰り返しの技法」と呼ばれ、相手の発言を受容し、共感の気持ちを伝える技法です。

他に次のような反応もよいでしょう。

・「すごい」「かわいいね」「なるほどね」と感嘆し、相づちを打ちながら聞く。
・「上手！」「えらい」とほめながら聞く。
・「その後、大丈夫だった？」というように、質問を交えて、その先を聞く。

**⑥嫌な話題は受け流す**

「先生の服、いつも茶系でダサいね」「先生、眉毛が一本長く出てるよ」など、生徒は教師の持ち物や容姿をネタにして、傷つくような言い方で寄ってくることがあります。教師と親しくなりたいという子ども特有の意思表示ですが、うっとうしく感じて、一喝したり、無視したりしがちです。しかし、容姿に関心を持たれるのはよいことだと考え、「きみたちみたいにセンスよく、おしゃれにも気を配らないとね」などと、軽く受け流します。

「聞く」ことで生徒の内面を知ることができます。また、「聞く」ことが有力な指導となることもあります。聞き上手な教師になりたいものです。

## 10 カッとして感情的にならないコツ

### ◆カッとして感情的にならないために

教師が指導している途中なのに、よそ見をしたり、舌打ちをしたり、薄ら笑いを浮かべたり、ときにはにらみ返してきたり……。生徒のそんな態度を見た途端、頭に血が上って高圧的な指導をしてしまう。その結果、生徒との関係がさらに悪くなり、指導がますます難しくなる。

そんな失敗を繰り返していた頃、家本先生から聞いた言葉です。

私は生徒の態度にカッとして指導につまずくことが多かった。だから、できるだけ生徒を正確に捉えようと考え、気になる生徒の行為を見たときは、指導を始める前に次を心がけるようにしました。

①「問題を起こす。だから子どもという」と一呼吸置く。

②その後、三つ自問してみる。

ⓐ自分が何かに強くとらわれていないか。

ⓑ自分の指導の反映ではないか。

ⓒ生徒に何か理由があるのではないか。

①は、こちらの気持ちを逆なでするような生徒の言動を見ても、教師は反射的に動くなということです。そのためにいったん間《ま》を取ろう。そして、「問題を起こしながら成長するのが子どもというものだ」と頭の中で唱えよう。次第に冷静さを取り戻し、生徒を客観視できるようになるはずだ、というのです。

生徒の問題行動に対応するときの基本的な心構えだといえます。

続いて、「自問しよう」と挙げた②の三項目です。指導の最中にこれらを熟考する時間はありません。

しかし、「この生徒の問題はⓐかⓑかⓒに起因するかもしれない」と考え、思い当たる要因を糸口に生徒から話を聞く。これは大変参考になる指導の出発点です。

ところで、この三項目は教師が自分の指導のあり方を振り返るときの重要な視点でもあります。ここでは、特にⓐの「教師が何かに強くとらわれていないか」ということについて考えてみましょう。

## ◆教師がとらわれやすい二つの考え

「とらわれる」とは、ある考えに固執するあまり行動が偏ることです。そして、教師がとらわれやすい考えとして、大きく次の二つがあります。

### ①生徒は教師に従わなければならない

教師の指導に対して生徒は素直に従うべきであり、反抗するなどもってのほかだとする考えです。反論を認めない態度だといってもよいでしょう。この考えに固執する教師は、生徒の発言を教師批判だと受け止めることが多く、「自分がやったことを正当化するな」などと発言を封じ込めてしまいがちです。教師がこのような態度をとり続ければ、生徒に特別な事情があっても、それを聞き出すことはできません。その結果、たとえば、喫煙や万引き、授業エスケープといった問題行為をやめさせるだけの指導で終わってしまいます。

荒れる生徒に向き合うときは、「そんな投げやりな態度はあなたらしくないね。何か事情があると思うのだが」とか「言いたいことは遠慮せず話してほしい。私が嫌なら他の先生に聞いてもらってもいいから」などと、まずは生徒の話を聞く態度を示す。生徒の考えが自己中心的な誤ったものであっても、教師を侮辱したり傷つけたりする内容であっても、まずはその気持ちや感情を受け止めてやる。そんなアプローチを忘れないようにしましょう。

## ②校則が学校生活の中で最優先される

教師がとらわれやすい二つ目の考えは、校則が何よりも優先されるというものです。この視点で生徒を見れば、校則を守る生徒が優秀で立派な生徒。守らない生徒は不良であり問題生徒だということになります。

校内合唱コンクールが開かれたとき、声量、ハーモニー、そしてステージ上の態度も他のクラスを圧倒するほどのすばらしい合唱を披露したクラスがありました。音楽科の教師も最高の評価をしていました。しかしこのクラスは入賞しませんでした。

審査を担当した教師の中の数人が最低点をつけたからです。理由はこのクラスに、腰パンでシャツを出している者がいたからというものでした。一部の教師には合唱の中身より見た目が優先されたということです。

教師がこんな姿勢では、生徒の悩みや問題に共感して、その克服や解決のために支援するといった、生徒指導本来の仕事はできないでしょう。

偏った考えにとらわれているために、生徒が一面的にしか見えなくなっているのではないか。一つの考えに強くとらわれているために指導が通らないのではないか……。こうした観点で自分の指導を見直してみたいものです。

## 11 「異質＝同等」を教えよう

### ◆「等質＝同等」と「異質＝同等」

「等質＝同等」は極端な言動や態度で集団の和を乱さず、みんなが同じように行動するから平等であるという考え。

「異質＝同等」は逆です。人は容姿、能力、考え方、行動の仕方など、それぞれ違いがあり、それで差別されることなく、みんな平等であるべきだとするもの。

どちらも、個人と集団のあり方を示すもので、家本先生から聞いた言葉です。年度当初の学年部会で、「いじめのない学年にしよう」と話し合う中で、この二つの言葉を紹介したことがあります。

> いじめを見ていくと、いじめる側が、「等質＝同等」の考えに強く縛られていることが多いことがわかります。しかし、人間には一人ひとりに違いがあるから、その違いを認めて互いに交わる「異質＝同等」でなければいけません。突出した生徒はその違いが受け入れられず、「みんなより出過ぎている」、または「みんなより遅れている」と見なされて、いじめられるのです。

## ◈等質＝同等がいじめを生む

「等質＝同等」の意識が浸透した集団では個性が認められないものです。

ある生徒がすぐれた能力を発揮しても、まわりからは「自分だけ目立って」と見られ、素直に賞賛されない。教師からほめられ、かわいがられる生徒がいれば、みんなから疎まれ、孤立する。このように

「出る杭は打たれる」場面が増えていきます。

また、運動や勉強が苦手、動作が緩慢、自信なさそうな弱々しい態度。こんな生徒も軽く見られ、からかわれがちです。

「等質＝同等」を指向する傾向が強いほど、共通の尺度から突出する者を「異質」と見て、仲間への同調を迫ります。

さらにエスカレートして、対象者を攻撃し、傷つけ、さらには無視《シカト》し、仲間から排除することもあります。先の言葉はいじめの核心を突く指摘だといえるでしょう。

## ◆目立たないように腐心する生徒たち

生徒たちの多くがまわりに気を使いながら生活しています。次の三人の行動からは目立ちたくないという強い気持ちが読み取れます。

### ①ほめられるのを嫌がる生徒

ある生徒が教室に花を持ってきたので、短学活で紹介し、全員で拍手をおくったことがあります。すると放課後、その生徒が「次からはみんなの前でほめないで」と言ってきました。「人から何か言われたら嫌だから」という理由でした。

**②努力を知られたくない生徒**

放課後、数人が翌日の期末テストについて話していました。その中の一人、努力家で常に高得点を取る生徒が、「やばい！　全然勉強してない」と嘆いていました。私は「本当かな」と思いながら聞いていました。テスト後、彼はクラスの最高点でした。それでも、「やっぱりダメだった」と聞こえるようにぼやきながら、点数がまわりに見えないように答案を受け取っていました。

**③容姿の特徴を気にする生徒**

中一を担任したとき、毎日、髪が頭に密着するようにヘアピンで留めている女子がいました。あるとき、母親から次のような電話がありました。

「娘は天然パーマの髪が目立たないように何本もヘアピンを使っていますが、校則違反ではないでしょうか」。「もちろんＯＫです。でも、そのままの髪でいいのにね。まわりの視線が気になるのでしょうね」と答えました。

この生徒には後日談があります。翌年、この一家はアメリカに移住し、彼女も多国籍の子どもが通う学校に転校しました。そこは服装も髪型も自由で、「これまでの悩みを忘れたように、ウェーブした髪のままで楽しそうに登校しています」と両親からの礼状に書いてありました。

## ◆異質＝同等を強く教えよう

集団の中で「異質」だと見られないように、生徒はまわりに気を遣い、我慢を重ねています。これでは子ども本来の良さや特徴が消えてしまいます。

したがって、教師は積極的に「異質＝同等」を教えるべきです。ただし、それは容易なことではありません。たとえば、学級から服装などの校則違反者が続出すれば、担任は校則という「等質」を保てない「生徒を押さえきれない教師」と見られがちです。だから、さらに高圧的に取り締まる。言い換えれば、生徒に「等質＝同等」を迫る教師になっていく。多くの教師がこうした厳しい状況に置かれているからです。

それでも「異質＝同等」を教師の言葉と行動で教える必要があるでしょう。「異質＝同等」をどう教えたか、その実践を公開し、良い点を共有していきたいものです。

# 12 指導には「遊び心」も必要

## ◈授業始めに集中させる工夫

その教師が授業に行くと、開始の時刻を過ぎても生徒が私語をやめず、毎回大声で叱責して全体を静かにさせ、その後、ようやく授業を始めていたそうです。「教師が入室したら、すぐ全員がこちらに注目し、そのまま授業を始めたいのですが」と彼は言っていました。

すると、そばにいた教師たちが、授業の冒頭でどうやって生徒を集中させているか、自分の工夫を述べ始めました。

・授業開始のチャイムが鳴ったら、学習部全員が教室前方に立ち、私語をやめさせ、教科書等の準備を促している。
・その時期に学習している作品を全員で音読し、その後、授業を始めている。
・騒々しいときは教師が「1（イーチ）2（ニー）3（サーン）」と叫ぶ。「3」あたりで、みんな「何事か？」と教師を見るが、そこで人差し指を口元に立て「4（シーッ）」とささやく。笑い声と共に静かな雰囲気ができる。

・教室に大きな段ボール箱を持参する。教壇に立ち、もったいぶってその箱を空けると、中にひとまわり小さな箱があり、それを空けるとさらに小さな箱。これを数回くり返すと、最後の箱に紙が入っている。紙には「マッチでガスバーナーに点火し、完全燃焼の実験をしよう」などと、その時間の学習内容が書いてあり、みんなで確認する。

どれも教師の遊び心を感じる実践です。こうした教師の「遊び心」について、家本先生には次の言葉があります。

> 教師にはまじめな人が多く、そのまじめさ故に指導が一本調子の正攻法に偏って失敗する例も多いものです。指導には遊び心も必要です。授業にも遊び心を少し取り入れると生徒の食いつきが違います。「また勉強か」ではなく「どんな勉強だろう？」と生徒を惹きつける工夫を心がけたいものです。

## ◈二段階法とは

遊び心といえば、家本先生から聞いた二段階法という指導法があります。商売の売り買いの際に行う「値引き」を教育に応用したものです。例を見てみましょう。

知人が自分の土地を売却したときのこと、仲介の不動産業者は、「この土地は査定したら一五〇〇万円の価値があるから一七〇〇万円の売値を付けましょう」と言って売り出したといいます。すぐに購入希望者が見つかったものの「もっと安くならないか」と申し出があり、業者が交渉して最後は一六〇〇万円で契約が成立しました。購入者は「一〇〇万円値引きさせた」、売り手側は「査定額より一〇〇万円高く売った」と両者大喜びでした。

このような例は実際の市場などでもよく見かけます。そんな店はたいてい繁盛していますが、「値引きばかりでは儲からないだろうな」と気になるときもあります。しかし、商店も前述の不動産業者も、最初に仕入れ値より高い値段をつけ、その上で値引きしているので損はしていません。これが二段階法の極意です。

## ◈遊び心で二段階法を教育に応用

次は二段階法を教育に応用した二つの例です。

一つ目は、教科書一ページ分の計算問題を宿題に出そうとして、生徒から「えーっ」と反発された、という場面です。こんなとき「必ずやりなさい」と教師が押し通してもよいでしょうが、できれば自発的に取り組ませたいものです。そこで「教科書二ページ分を宿題にする」と予定より多めの分量を伝えます。生徒たちが「えー」と騒ぎ出したら、「多いか。では一ページ半におまけだ」と返事をします。そして、「もう少し、おまけして」と、彼らが調子づいて頼んできたら、少し考えて、「しょうがないな。では、きりよく一ページ。これ以上はおまけしない。必ずやるって約束するなら宿題は一ページ。どうだ?」と伝えます。彼らは「やる!」と答えるでしょう。

二つ目は、放課後にクラスで合唱練習をしたときのことです。練習時間も後半になり、「あと三回歌おう」と教師が提案したところ、「三回もですか!」と生徒からブーイングを浴びたのです。そこで、「そうねえ、では一回だけ全力で歌って終わるのはどう?」と言ったところ、彼らは得した気分になったのか「賛成」と叫び、大きな声で歌いました。

高い目標を示した後で目標を「値引き」し、モチベーションを保って受け入れさせる、一種のだましのテクニックともいえるでしょう。ただし、生徒を貶《おとし》め、傷つけるような悪質なだましは論外です。

自動車のハンドルやブレーキには運転操作に不可欠な「遊び」と呼ばれる接合部分の緩みがあります。教師の指導も同様で、真面目さと共に、実践を楽しむ遊び心が必要だと教えている言葉です。

# 第2章

# 授業で押さえたい10の技術

## 1　生徒の失敗に対応できる準備を

### ◆突発的な対応を迫られる

「宿題をしてこない」「他の子の間違いを笑った」など、授業をしているといろいろな問題が起きます。そして、その都度教師には何らかの対応が求められます。こんなとき家本先生の次の言葉が浮かびます。

**生徒の失敗を予想し、それにどう対応するか準備しておきましょう。**

それはAという若い教師の研究授業を例に引いた話でした。

### ◆失敗を予想し、準備しておく

**①騒々しさに共感した第一声**

七月上旬、蒸し暑い日の午後に小学校四年生の研究授業が行われました。子どもたちはお茶を飲んだり、下敷きで顔をあおいだりと、落ち着かない雰囲気の中で授業の開始を待っていました。担任のA先生が入室し、授業始めの挨拶をしたところで、すぐに子どもたちは「先生、暑い！」と口々に叫びました。対するA先生の第一声は、「暑いね！」でした。

**②「暑いね！」から導入した**

A先生はさらに続けました。

「先生も暑い。参観に来られたまわりの先生方も暑い」と、ここで氷水の入ったガラスのコップを取り出して「このコップも暑いみたい。汗をかいてるよ。みんなも、先生方も、コップも汗びっしょり。今日はこのコップの汗がどこから来たか勉強しよう」と授業の主題を伝えました。子どもたちはいつの間にか私語をやめ、A先生とコップに集中していました。

A先生は、この時期の午後は猛烈に暑く、子どもたちは集中しにくいだろうと予想し、「気持ちを切り替えよう！」などと注意をせずに授業を始めたいと考えて、「暑いね！」という第一声や、氷水入りのコップの提示を考えたといいます。

**③反応を予想する**

続けて、A先生が「コップの汗はどこから来たと思いますか」と問いかけると、お調子者の数人が次々に答えました。

ⓐ「こっそり先生が唾を付けた」、ⓑ「コップからしみて出てきた」、ⓒ「コップの口からはって出てきた」。こんな答えを聞いて「ふざけるな」とたしなめる教師もいるでしょう。しかし、A先生は違いました。ⓐⓑⓒの答えを板書し、「では、これらが正しいかどうか確かめよう」と次のように一つずつ検証しました。

**④遊び心のある対応**

ⓐ「こっそり先生が唾を付けた」コップの表面を拭き取った後、A先生はマスクをポケットから取り出し、口を覆った。みんなが注目する中、数分で水滴がついたのでこの予想は×。

ⓑ「コップからしみて出てきた」表面の水滴を拭き取った後、ポケットから取り出した赤インクを数滴コップに垂らして混ぜた。氷水は鮮やかな赤い色になった。「この赤い水がしみて出たならハンカチで拭くとどうなる？」と聞くとみんな「ハンカチが赤くなる」。数分後、ポケットから取り出した真っ白いハンカチで表面の水滴を拭くと、やはり白いまま。よってこの予想も×。

ⓒ「コップの口からはって出てきた」コップに合うコルクのふたをポケットから取り出して、コップの口をピッタリと閉め、その後、ⓑと同様に白いハンカチで拭いても白いままだった。だから、この予想も×。

こうして子どもたちと共に真偽を調べました。「しみて出た」と発表した子は「やっぱり違ったか！」と苦笑し、まわりも「あたりまえじゃん」と応じました。A先生は、ⓐ～ⓒ以外にも十通りほどの子どもたちの答えを予想し、それぞれに対する検証法と必要な道具を用意していたそうです。

授業反省会では、主題である正しい答えを導くまでに子どもの意見を取り上げ過ぎだと批判する意見も出たそうです。しかし、家本先生はA先生を「子どもの反応を予想し、遊び心を持った説明で対応した。その工夫がすばらしい」と高く評価していました。

## ◈多様な反応を予想しておく

「生徒の反応を予想する」は授業に臨む教師の心構えとしての言葉でしたが、授業以外の場面にも通用するものではないでしょうか。たとえば次のようにです。

・異装で登校した生徒とどんな話し合いができるか。
・掃除サボりを注意したら「無視した」「逃げた」「泣き出した」「反抗してきた」など、どんな反応が予想されるか。また、それぞれの場面でどう指導すればいいだろうか。

こうしたことを意識的に考えることが自分の指導力を高めることになるのでしょう。

## 2 生徒に好かれ、信頼される四条件

### ◆授業不成立の根っこに教師不信がある

・教師が発表を求めても反応がない。
・教師の説明に集中しない生徒が多い。
・宿題を出しても提出率が悪い。

このように、授業がうまくいかずに悩む教師は多いものです。新任時代の私もそんな教師でした。授業をどう改善すればよいか。そう考えていた頃に読んだ、家本先生の言葉です。

> 授業が成立しない原因のほとんどは、生徒の教師不信が根っこにあります。授業で忘れてならないのは、教師は生徒から嫌われてはいけないということです。教師が好かれ、信頼されていれば、多少授業が下手でも生徒はついてくるでしょう。

たしかに、生徒から嫌われ、信頼されていない教師が何を言っても生徒たちは聞こうとしません。教材理解や授業技術以前の問題です。これを家本先生は「人格的力量」と呼びました。

当初、私は「人格的力量」について、それぞれの教師が先天的に備えた資質ではないかと思っていました。しかし、家本先生は「人格的力量は教師の努力で高めていくものだ」とし、教師は自分の授業を問い直す必要があると述べています。

## ◈生徒に好かれ、信頼される四条件

では、教師が生徒に好かれ、信頼されるために授業の何を問い直すのか。それは次の四項目です。

### ①ひいきをしない

誰もが当然だと思っています。ただし、無自覚のうちに、勉強のできる生徒を相手に授業を進めるという失敗をやってしまいがちです。たとえば挙手した生徒を指名して正解を得る。「これで良いですか？」と聞き、全員の「はい」との返事を受けて、次の学習へ進む、というようにです。こんなとき、本当に理解したのは成績上位の数人で、低位の生徒はまわりにつられて返事をしただけという例が多いものです。

ただし、ひいきには例外もあります。勉強が苦手な生徒や家庭的に厳しい境遇にある生徒で、そうした状況をまわりが共感的に見ているような場合です。ここでは教師がその生徒に丁寧に接しても、まわりの生徒はひいきとは見ません。

**②時間のけじめをつける**

生徒たちは時間にルーズな教師を嫌います。それは終了時刻を過ぎても授業を続ける教師のことを指します。開始時刻の遅れには寛大な点が面白いところです。いずれにしても、時間通りに始まり、終了する授業を徹底します。

**③上手にほめる**

・勉強が他者よりできる点をほめない。
・結果よりも努力する過程をほめる。
・互いに質問し、教え合うなどの、生徒同士の交わりをほめる。

これは私の考えですが、このように、教師自身が「授業の中で生徒のどのようなことをほめるのか」という、基準を持っておくべきでしょう。

また、生徒は授業中によく間違えますが、そこでも失敗を指摘するだけでなく、学習内容に関連付けるなど、教師のフォローによって、発表を間接的にほめたいと思います。

「Aさんの答えには惜しい計算ミスがありましたが、二つの公式が正しく使われている。その公式は何というものかな？」というようにです。

### ④生徒の話を受容的に聞く

教師の説明を聞こうとしない、学習用具を机に出さない、ある生徒の間違った発表を嘲笑した……。授業中のこんな場面で、教師には何らかの指導が求められます。

状況によって具体的な手立ては異なりますが、頭ごなしに叱るのでなく、「生徒の行為には何か理由がある」と考え、その理由について生徒の話を受容的に聞くようにします。

生徒が話す途中で口をはさんだり、「言い訳をするな」と遮ったりしないということです。理由がわかった上で、生徒を叱る場合でも「あなたは悪い生徒ではないが、あなたが授業の中でやったことは良くない」と、人格と行為を切り離して叱るようにします。

## ◈本筋は授業の力量を高めること

前述の四項目は、授業だけでなく生徒と関わるすべての場面で求められる教師の基本姿勢だといえます。教師がこうした姿勢で授業に臨み、まずは生徒たちの支持を得て、そこから着実に授業の力量を高める。これがこの言葉の真意だと捉えています。

# 3　書く力を育てる四つの手立て

## ◆書く難しさ、書かせる難しさ

学級担任をしていると、生徒に文章を書かせる場面が何回も出てきます。そのたびに私は、彼らに文を書かせる難しさを感じてきました。たとえば道徳の授業で感想を書かせると、いつも「学習したことを今後に生かしたい」といった表面的な感想が多かったからです。

「書く」とはどのような作業なのか。私自身を振り返ってみました。

まず、内容やテーマを決め、題材を集め、考えを整理し、主述を整えながら書き始める。しかし、すぐに考察の足りない点や稚拙な表現が目に付いて修正し、さらに書き進める。そのうちに、文章がテーマからずれていることに気づき、結局、はじめから書き直す……。

自分でもこんな調子なのだから、生徒に文を書かせるのは難しいはずだと、妙に納得してしまいました。その頃に次の言葉を知りました。

**書くために考え、書きながら考える。だから、書くことによって深く考えることができるようになるのです。教師はそうした生徒の書く力を育てなければいけません。**

## ◆生徒の書く力を育てる四つの働きかけ

### ①書く機会を増やす

文化祭や合唱コンクールなどの行事後に、感想を書かせる。人権や平和学習などで、「いのちの尊さ」といったテーマで書かせる。また、班日誌や個人ノートに書かせる。ときには、意見や疑問を付箋紙に書かせて、全員分を黒板等に貼り、それを使って授業を進める……。

このように書く機会を増やすことで、まずは、文章を書くことへの抵抗や苦手意識を減らします。

### ②はじめは書いたことを評価する

書く機会を作っても、「とにかく書け」と促すだけでは、内容が深まりません。私が学級で個人ノートを始めた当初も、「放課後の部活を終えて塾へ直行し、帰宅は八時。夕食後は……」とか「先生のマイブームは何ですか？　私はアニメにめちゃはまっています。特に……」といった文章を書く生徒がほとんどでした。しかし、内容や文体を問題にするより、まずは、長文を書き、自分のテーマで書いたことを口頭や赤ペンでほめることから始めるべきでしょう。

### ③「書く」に「考える」を加えさせる

生徒には、自分がどんな場面で、何を考え、どう行動したかを書かせたいものです。自分と自分を取り巻く家族や友人、学校、社会について考えさせたいからです。

ただし、そこには教師の働きかけが必要です。家本先生はこう指摘しています。

> **教師の問いによって、キラリと光る文章が書けるようになる。生徒たちが感覚や感情で捉えたことに「考える」をプラスする。それが教師の問いです。**

この言葉から、新任時代に経験した、万引きした生徒の指導場面を思い出します。その生徒に反省の気持ちを書かせようとするのですが、事実をなぞった「あらすじ」しか書かないのです。家本先生に相談すると、生徒が書いた事実に即して、彼の気持ちを引き出す問いかけが必要ではないか、と助言され、そして、次のように赤ペンを入れました。

・シャーペンをこっそりと鞄に入れた瞬間、どんな感じがした？

・もし、親友が万引きする場面をあなたが見かけたら何と声をかける？

・そのとき、頭の中のもう一人のあなたは止めた？　それとも「やれ」と言った？

こうして、本人の感情を書き加えさせていきました。私の例が上手な問いかけとは思いませんが、様々な場面での具体的な問いかけこそが教師に求められていることではないでしょうか。

**④集団をくぐり抜けさせる**

公表して支障のない文章は、書いた生徒の同意を得て、全員に紹介したいものです。教師がみんなの前で読んでやる、原稿を掲示する、学級通信に掲載する等、方法はいろいろあります。

その効果としては、

ⓐ書いた生徒をほめることになる。

ⓑ読む方は他者の多様な考えを知り、書いた方は仲間から感想やときには反論を受けることで、双方の考えが深まる。

ⓒたとえば、いじめについての数人の作文を印刷し、学活で教材にして話し合う。その後、また全員に作文を書かせ、そこから数人の作文を印刷して話し合う。このくりかえしの中で、「仲間外しを許さない学級になろう」といった学級世論を作り出すこともできる。

「考えて書く力を育てる」指導の方法を教える言葉です。

# 4 授業は「七三《しちさん》の構え」で

## ◈先人から伝わる知恵と技術がある

研究授業を参観したときでした。教師が書く黒板の文字が極端に小さく、「教室後方の生徒は読みにくいだろうな」と気になったことがあります。板書の字はどのくらいの大きさで書けばよいのでしょうか。

家本先生からは、板書の字の大きさについても話を聞いたことがあります。

**黒板消しを上から見ると長方形になります。その長い辺と短い辺を考えてみましょう。小学校低学年では、長い一辺で作る正方形に一文字を書きます。中学校では、短い一辺で作る正方形に一文字を書きます。板書の字の大きさはこれが目安です。若かった頃、先輩教師から教えられたことです。**

板書の字の大きさについてのわかりやすい基準です。

## ◆七三の構えの実例

**教師は「七三の構え」を身に付けたいものです。七三の構えとは、髪型の七三分けをなぞった言葉です。板書するときの教師の集中力を生徒たちに七、黒板に三の割合に分配しろという意味です。**

板書する際の心得としてだけでなく、他の面でも示唆を与えてくれる言葉です。詳しく見ていきましょう。

### ①「七三の構え」で板書

「教師は板書に夢中になって、生徒を見ていないようではいけない」という、板書の際の意識と姿勢のあるべき姿を述べています。「黒板に三、生徒に七の割合」といえるくらい、生徒たちの様子を把握しながら板書せよ、ということです。そのためには板書する際の姿勢についても、生徒に背を向けた状態を続けないように心がけるべきでしょう。いくぶん角度をつけながらも、なるべく生徒たちに向かうようにして、彼らの姿が視野に入る姿勢で板書します。

## ②「七三の構え」で机間指導

授業では生徒たちが個別に作業をしたり練習問題に取り組んだりすることがあります。こんなとき、教師は机間をまわって生徒を観察し、必要な助言を与えます。

ここでも「七三の構え」が有効です。個別の指導では、その生徒に三、他の生徒たちに七の割合での気配りをせよというのです。

ある生徒への個別指導に熱が入り過ぎて、まわりが騒々しくなっていたり、誰かが教室を抜け出したりしたことに気づかないようではいけないということです。

もう一点、机間指導で「七三の構え」を心がけたいことがあります。それは誰を指導するか、ということです。通常、教師は座席の並び順にまわりますが、学習が苦手な生徒や作業が遅れ気味な生徒を重点的に見ていきます。そうした生徒たちに七、勉強ができて作業が得意な生徒たちに三の割合で見てまわる。そんな心掛けが必要です。

## ③「七三の構え」で指名

授業中に生徒を指名するときにも、この考えは通用します。できる生徒、成績上位の生徒中心ではなく、勉強が苦手な生徒たちに七割。こうした「七三の構え」の意識を持って、指名すべきでしょう。

**④「七三の構え」で発言を聞く**

生徒が質問をしたり、意見を述べたりするときにも、「七三の構え」で対応する必要があります。三割は発言する生徒を見て、七割はまわりの生徒を見ておく。

「集中して聞いているか」「どんな反応を示しているか」など、彼らの様子を把握しておくということです。また、その際、教師は体の三割を発言者である生徒の方に向け、七割は他の生徒の方に体を開いておくという姿勢を示す言葉でもあります。

# 5　教科通信は誰に向けて何を書くか

**◈学級通信・学年通信は盛んだが……**

校長室や職員室前の廊下に、校内で発行された通信を掲示している学校も多いでしょう。ただし、その中心は学級通信や学年通信で教科通信はあまり見かけません。

私は三十代の頃から数学の教科通信を発行してきましたが、そのきっかけになったのは家本先生の言葉でした。

**授業に身の入らない生徒が増え、授業不成立に悩む教師が多いようです。こうした状況を克服する方法の一つに教科通信があります。教科指導に通信活動を取り入れることで、教科のイメージを広げ、学習内容への関心を引き出し、その楽しさの中で集中性を作り出すのです。**

## ◈教科通信のポイント

以下、教科通信を書くときのポイントを整理しました。

**①何を書くか**

ⓐその教科を学習する意義を書く――「なぜ、この教科を学ぶのか」「この授業でどんな力を身に付けてほしいか」など、その教科を学ぶ意義や目的を教師自身の言葉で伝えます。

ⓑ授業の基本的な進め方を書く――質問や意見の発表の仕方、ノートの使い方、宿題の提出の仕方など、授業の進め方や約束事を書きます。

ⓒ教科に関する本やウェブサイト等の情報を書く――教科に関する本やウェブサイト、動画、行事等の情報もあります。それをきっかけに、教科への関心を深める生徒もいます。
ⓓ授業の様子を書く――その時期の授業内容と共に、生徒たちが活躍する姿を記事にします。作文や習字等の佳作紹介もあるでしょう。
ⓔテストや評価について書く――テストの時間割や出題範囲、合わせて、テスト前の勉強法やテスト後の活用法などを書きます。評価の意味や方法も紙面で伝えます。

ⓐⓑは多くの教師が授業開きで話す内容です。生徒たちは真剣にその話を聞きますが、一～二か月過ぎるうちに、緊張感は薄れ、意欲は低下していきます。そこで、機会があるたびに、こうした授業の基本を確認しておこうというのです。

なお、特に重視したいのは、ⓓです。授業中の生徒の活躍を取り上げて、ほめ、授業への意欲づけにするためです。

**②誰が書くか**

教科担任が書きます。ただし、複数の教師が学年内の数クラスずつを担当する場合は、交替で書いたり、通信係を決めて発行したりすることもあるでしょう。

**③誰を対象にするか**

ⓐ生徒に向けて書く――基本的には生徒に向けて書きます。

ⓑ保護者に向けて書く――保護者の最大の関心事は「学校でのわが子の様子」です。そんな思いに応えるために、保護者に向けて授業の様子を伝えます。教科担任の指導法や人柄を伝えることにもなります。以前、同学年に教科通信を発行する体育教師がいました。ある年、体育祭で使う道具が揃わずに困っていたとき、保護者同士が声をかけ合い、すべての物品を調達してくれたことがあります。通信から伝わる教師の姿勢が保護者の協力を引き出したのでしょう。

ⓒ教師仲間に向けて書く――教科サークルの機関誌として、情報交換や指導法研究のために校内外の教師間で発行される通信もあります。

**④避けたい三つの例**

ⓐ事務的な内容だけにしない――年間指導計画が一面に書かれているような、事務的な内容だけの通信にならないようにします。

ⓑ専門用語が頻出する通信にしない――教師間で研究のために読み合う教科通信でない限り、教科の理論や専門用語が頻出する通信は避けます。

ⓒできる生徒中心の通信にしない――たとえば、テスト高得点者の氏名を公表して、学力至上主義の

ような考えを助長する記事は書かないようにします。すぐれた意見、おもしろい発想、努力する姿、協力して取り組む様子など、授業で見つけた生徒たちの前向きな姿を、成績の高低に関係なく紹介します。

教科通信を始めたら一年間は続けたいものです。とは言っても、多忙な日常の中、継続は容易なことではありません。しかし、教科通信を書き続けることは、生徒を丁寧に観察し、教材の捉え方や授業の進め方を絶えず見直すことになります。すぐに結果は出なくても、必ず良い授業につながっていくでしょう。

# 6 授業で育てる三つの聞き方

## ◆静かに聞くことだけではない

「四月は、授業中に教師が話すとき、聞いていない生徒が数人いた。しかし、最近は教師の指示や説明をみんな聞くようになった。ただし、まだ不満な点がある。教師が『質問はないか？』『意見はないか？』と発言を促しても、反応が少ないことだ。生徒の声をたくさん引き出す授業をしたいのだが……」

ある中学校の研修会に参加したとき、授業をした教師がこのように発言し、それを聞きながら、私は家本先生の言葉を思い出していました。

> 生徒たちは、見たり、聞いたり、読んだりして、知識を拓《ひら》き、技を身に付けていきます。特に「聞く」は重要です。教師は、授業の中で、生徒たちに様々な聞き方を教え、彼らの「聞く力」を育てたいものですね。

当初、この言葉について「生徒たちには、相手の話を集中して聞くことができる態度を身に付けさせよう」と述べたものだと思っていました。

しかし、文中の「様々な聞き方」について、家本先生と話しながら、「聞く力」は「尋ねる力」であり、「発信する力」でもあると考えるようになったのです。

以下、その内容を整理しましょう。

## ◈授業で教えたい三つの「聞き方」

授業で教師や仲間の話を聞くとき、生徒たちには、「どのように聞くか」という、態度としての三つの聞き方を教えたいと思います。

### ①「静かで集中した」聞き方

教師は生徒たちに対して、誰の話でもよく聞くように指導すべきです。その中でも、教師の話は特に重要です。したがって、教師が話すときは、全員を教師の方に向かせ、「聞こう」とする状態を作ってから話し始めます。

そこでは、教師にも、生徒の興味を引き、彼らを引き込むような内容と話し方が求められます。要点を整理し、エピソードを交えながら簡潔に話す。そんな力を身に付けなければならないでしょう。また、話す途中で、聞いていない生徒や私語をする生徒を見つけたら、どなったり叱ったりせず、どう対応するかという手立ても考えておくべきです。

クラスの仲間が話すときの聞き方も、教師に対するそれと同様、話し手の方を向かせ、静かな状態で聞かせます。

### ②「わからない点は要求する」聞き方

生徒たちはまじめに聞いているのに、「説明の意味をわかっていないようだな」と感じることがあります。そんなとき、多くの教師は、補足説明をしたり、別の表現に言い換えて話したりするはずです。それでも、まだ理解できない生徒がいるときは、教師に対して「わかるように教えてほしい」と要求するように教えます。

そして、要求する言葉として、「もう一度、説明してください」「もっと、詳しく話してください」「いくつか例をあげてください」なども、教えておくべきでしょう。

仲間の発言に対しても、不明な点は、同じよう尋ねさせる。こうした聞き方のスタイルを何回も経験させていきます。

### ③「考えをまとめ、発信する」聞き方

「聞く」ことの最も大切な意味は、「相手の意見を聞き、自分の考えと照らし合わせ、その上で、どう思ったかを発信できる」ことだと思っています。

ちなみに、計算問題の解答や何かの名称を問うような「単純な質問」の場合は、仲間の答えに対して、「いいです」「違います」と即座に応じさせることもあります。

しかし、「考える発問」への答えや意見に対しては、「いいです」「違います」式の応答では意味がありません。ちなみに、「単純な質問」と「考える発問」の違いは、「はじめに」でも触れたように「日本の首都はどこですか？」と「日本の首都を移転するなら、どこがいいと思いますか？」というような違いだと捉えています。そういう「考える発問」への答えや意見に対しては、「そういう考えもあるのか」「なぜ、そう考えたのだろう」と、いったん相手の気持ちになって受け止めさせる。その後、自分の意見と同じなのか、違うのか、つけ加えはないのか、などを考えさせる。最後に、「相手の言う意味はわかったが、私はこう思う」と、自分の考えを述べさせます。

これらの三つの聞き方を、生徒たちの習慣になるまで根気強く教えていきます。そんな働きかけが、彼らの「聞く力」を育てることにつながります。

# 7　楽しさを感じさせる豆テスト

## ◈やみくもに覚えさせるだけでは……

新任の頃に勤務した中学校では、年度末に学年ごとの英単語テストが実施されていました。一年間に学習した全範囲から一〇〇個の英単語を正しく書くという、英語科主催の学習行事です。テスト後は高得点者と共に各学級の平均点が公表されるのですが、そうなると点数で担任の力が測られるように感じ、その発表方法に反対したものです。

とはいえ、当時は私も担任として生徒たちに英単語の特訓をしていました。ただし、特訓といっても、帰りの会で私が読み上げる単語をノートに書かせ、間違えた単語を一〇回書いて提出させる、という強引なやり方でした。

家本先生にこんな近況を伝えていると、「テストの得点競争の是非はおくとして」と前置きした上で、学級で英単語などの学習に取り組むときの面白豆テストについて、次のように話してくれました。

学級で英単語や漢字の暗記に取り組むときは、やみくもにやるのではなく、「楽しさを伴って取り組む」発想が大切。学年が上がるほど学習内容が増え、簡単には全部を覚えにくくなります。そこで、少しずつ、それも楽しいと感じさせながら覚えさせるのです。その方法として、問題をそのまま事前に教える豆テストがあります。これだと事前の勉強を促し、自学の力も育てることができます。

### ◆学級で楽しく英単語を覚える方法

家本先生は「これは私の発明ではなく、教師間で伝えられてきたものです」と話していました。以下、先生に教わり、私流にアレンジした方法を整理してみます。

**①翌日出題する五題を提示**

〈1 本 book〉〈2 手 hand〉〈3 花 flower〉〈4 歌 song〉〈5 鳥 bird〉〈6 机 desk〉〈7 学校 school〉〈8 ……〉。このように、覚えさせたい一〇〇個ほどの英単語に番号を付けた一覧表を配ります。そして、テスト前日に「明日は1〜5の五つを出題します」と伝えます。

**②テスト後すぐに採点する**

翌日のテストの時間に、教師がこの五題を「本」「手」……と読みあげ、生徒は解答用紙にその綴りを書きます。テスト後はすぐに自己採点。隣席同士で○付けをさせてもよいでしょう。前日に示した単語をそのまま出すのですから全員が全問正解になりそうなものですが、必ず間違えるものが数人出てきます。

**③基準に沿って学級の合否を判定する**

採点後、すぐに全員分の×の数を合計し、学級合否を判定します。基準は、×の総数が二〇個以内なら合格、×の総数が二一個以上なら不合格というように決めておきます。基準は、学級の状況を見て、教師が×の総数を二五個や三〇個などに設定します。

**④合格したら範囲を一つ増やす**

×の総数が二〇個以内で合格だったら、次回のテストは一段階進みます。最初に配った単語一覧表を出させ、「次回の範囲は単語を一つ増やして六～一一の六個にします」と伝えます。ただし、出すのは五題のまま。つまり、六個中の五個が出題される5／6（六分の五）にするのです。このように出題は常に五題。短時間で採点するためであり、テストへの抵抗を減らすためです。合格が続けば、５／７、５／８、５／９……と範囲を一語ずつ増やしていきます。

なお、出題範囲は順番通りでもいいし、「次回は動詞をテストします。三一〜三八の八個から出題します」というように変えることもできます。

### ⑤不合格なら後戻りする

ただし、毎回合格するとは限りません。たとえば、５／５からスタートして５／15に進んだとき、×の総数が二一個になってしまった、というケースです。その場合は次のテスト範囲を一個減らして一四個。つまり５／14で行います。

そして、５／14のテストも不合格なら、その次はさらに範囲を一つ減らして５／13……こうして後戻りしていきます。ただし、この豆テストには「どんなに不合格が続いても最低は５／５で、それ以上落ちない」という長所があります。つまり、「不合格が続けばスタートの５／５まで戻るが、合格すれば再び５／６から前進できる」ということです。

### ⑥次第に生徒たちの活動に

最初は教師主導で進めますが、やり方に慣れてきたら、学習部の活動にしたり、希望者を募って豆テスト係をつくったりして、出題から合否判定まで生徒たちの手で進めさせます。

合格のたびに難易度が上がるので、学習の取り組みを敬遠しがちな生徒たちもゲーム感覚で取り組み、5／50位まで進んだ学級もあります。英単語や漢字以外でも使える、広く推奨したい方法です。

## 8 勉強の苦手な生徒が喜びを感じる授業

### ◆勉強のできる生徒にかたよった視点

「正解！　すごいよ」「上手に描けたね」「点数が伸びてきたね」……。

このようにほめられた生徒は嬉しくなっていっそう授業に集中するでしょう。

しかし、そういった言葉は相手が勉強のできる生徒に偏ってしまいがちです。勉強が苦手な生徒や成績が悪い生徒を放っておくことはできません。ではそんな生徒たちも意欲的に参加する授業をどうつくればよいのでしょうか。

授業ではすべての生徒に出番を保障しなければいけません。勉強が苦手な生徒に対しては特に配慮したいものです。勉強ができない生徒を見捨てず、あの手この手を工夫するのです。たとえば授業中に何か手伝ってもらい「ありがとう」と伝えましょう。そんなことにも生徒は喜びを感じ、その積み重ねの中で学習意欲が向上する例も多いものです。教師にはそんな努力が求められています。

## ◈勉強が苦手な生徒の出番をつくる

勉強が嫌い、授業を聞いてもどうせわからない……そんな生徒の出番をどうつくるか。その実践例を挙げてみます。なお、名前が出てくる数名はいわゆる勉強が苦手な生徒たちです。

### ①教師の手伝いをしてもらう

授業でプリントを複数枚配るときは、いつも最前列の伊藤さんに「悪いけど手伝ってもらえますか？」と頼むようにしていました。彼女は毎回すぐに動き、そのうち資料配付の場面になると、「この二枚ですよね」と自分から声をかけてくれるようになりました。

また、パソコンに取り込んだ画像を使う場面では、「野間さん。一緒にプロジェクターを設置してくれる？」と頼みました。じつは事前に彼の了承を得て、機器の接続方法を教えておいたのです。他の生徒には、「野間さんは機械に強いから映像関係専門の助手になってもらうね」と伝え、みんな穏やかに受け入れました。

生徒の負担にならない手伝いを頼むのは良い工夫だといえるでしょう。

**②答えやすく、やさしい問題を出す**

社会科の授業を参観したときです。

「ヨーロッパで一番行ってみたい国はどこですか？　理由も言ってね」と教師が問いかけました。しばらく間を置き、教師は数人を指名して発表させ、「鶴山さんに同感！　先生もスイスのアルプスに登ってみたいなあ」などと各人の意見を肯定的に評価していました。授業後、その教師は、「あの場面で指名したのは成績下位の生徒たちです」と話していました。一つの正解に縛られずに意見表明できる発問は勉強が苦手な生徒の出番をつくるチャンスになります。

**③間違いの中にある教訓を伝える**

やさしい問題に答えて、それが正解なら「よくできた！」と言えますが、間違えた場合はどうするのでしょう。ここは「違うよ」「不正解です！」などと一刀両断にしないようにしたいところです。私は、「これは引っかけ問題で、先生も中一の時、岩本さんと同じ失敗をしました。どの部分かわかりますか？」とか、「一カ所計算ミスが惜しかったけれど、この計算の中で浜崎さんはすごい公式を使っています。みんな気づいた？」などと、間違いから教訓を見つけるようなフォローを心がけました。

**④教師の補助的な役割をしてもらう**

数学のある単元で「物の重さに関係なく落下速度は同じ」という性質を確かめる簡易実験をしたことがあります。そのときは、「宮川さんと先生が重さの違う二つの物を上から落とすよ。どちらが早く着地するか見ててね」と二人で椅子の上に立って、物をいろいろ替えながら同時に落として見せました。また、理科の授業では教師が「中島さん、教卓のところに来て」と理科が苦手な生徒を呼んで二人で模範実験をし、他の生徒たちにはその様子を見せながら実験方法を教えていました。

**⑤好ましい場面や話題で登場させる**

「マラソンが得意な町田さんが時速一二キロで走るとき、二五分後には何キロの距離になるでしょうか？」というように、例題に生徒を登場させたこともあります。当の町田さんは照れながらも嬉しそうな表情をしていました。ただし、生徒の名前を取り上げるのは、他の生徒から冷やかされたりしない好ましい話題に限定しました。

勉強が苦手な生徒も「やった！」と心が弾み、それを契機に授業へのやる気を取り戻す。そんな授業をつくりましょう。

## 9　意見を引き出す「起立発言」

### ◈多くの意見を引き出す「起立発言」

教師の発問に生徒が応答する。そんな場面は三つあると思っていました。
第一は「答えがわかる人は手を挙げて」と教師が生徒を促す場面です。
第二は、教師が特定の生徒を指名して答えや意見を述べさせる場面です。
第三として、答えや意見を思いついた数人が自由に発言することもあるでしょう。

この三つを、「挙手発言」「指名発言」「自由発言」と呼ぶこともあるようです。家本先生とそんな話をする中で、第四の方法として「起立発言」を勧められました。起立発言は多くの発言を引き出す方法で、次のように進めます。

**①発言の流れを約束しておく**

教師の発問に対して「意見や答えを発表したい人、すすんで発表したくなくても答えや意見がある場合は必ず起立する」ことを生徒たちと約束しておく。なお、他の生徒の発言を聞いて自分の答えができた場合も起立するよう伝える。

**②起立者の中から一人を指名する**

起立者が出揃ったら一人を指名して答えさせる。なるべく、いつも発言しない生徒を指名する。

**③板書する**

教師はその生徒の発言を板書する。このとき、どんな意見や答えであっても否定せずに一つの答えとして書く。

**④同意見の生徒を着席させる**

「同意見の人は着席してください」と言って座らせる。すると、違う答え（意見）の数人が起立したまま残る状態になる。ただし、起立した後、一度座っても、他の意見が持てたら再度起立してよいと知らせておく。

**⑤再び、②③④を繰り返し、最後の一人が発表するまで続ける**

起立者から一人を指名して答えさせ、意見を板書し、同意見の者を座らせる。これを最後の一人の発表まで続ける。

起立発言について家本先生は次のように述べています。

> 起立発言は積極的に発言する意思のない生徒も起立させて発言群に加わるように促すので、たくさんの答えを引き出すことができます。そして、たくさんの答えの中から正答を探らせる。つまり、答えの選択肢を生徒がつくり、次にその中から正答を選択させるという二段構えの授業ができるようになります。
>
> 近年、問いと答えの間が狭くなり、一問一答で進める授業が増えていますが、こうした起立発言で問いと答えの間を広く取り、深く考えさせる授業にしていきたいものです。

### ◆問いと答えの間が狭い授業

勉強ができる生徒も苦手な生徒も、全員が参加する授業にしたい。しかし、実際の授業では教師の発問に生徒が応答しないことが多々あります。そこで、つい「指名発言」や「挙手発言」で、理解力のある生徒に正答を述べさせて、授業を先に進めてしまう……。これでは成績の良い生徒だけを相手にした授業になり、全員参加の授業からは遠くなります。前述の言葉にある「問いと答えの間が狭くなり……」という一文はこうした粗い授業の進め方を戒めるものでしょう。

### ◆起立発言の三つの効果

起立発言には手間と時間がかかりますが、それ以上の長所があるといえます。

**①発言するハードルが下がる**

「起立発言」は自分の意見や答えが持てさえすれば、その正否に関わらず採用されるので、発言することへの抵抗が減ります。また、これまで他者の意見を聞くだけで自ら発言しなかった生徒も、まわりに刺激されて起立するようになります。

**②同意見の仲間の存在を知る**

ある一人が指名されて答えた後、起立者の中の数人が座れば、「同じ考えの仲間がいるんだ」と気づくことができます。

### ③多様な意見があることを知る

同意見の者がいなければ、起立者が一人になるまで続きます。そんな経験を重ねる中で、自分と他人の考えの違いや物事の新たな捉え方を知っていきます。

## ◈起立発言にチャレンジしよう

起立発言は、「できる生徒を相手にした授業」から「全員が参加する授業」に向かう有効な方法です。私は担当教科の数学よりも人権学習や道徳でこの方法を活用しました。たとえば道徳の読み物教材で「この場面、あなたならどのように行動しますか?」と発問して、できるだけ多くの意見を引き出したいと思ったときです。

一時間の授業で教師のすべての問いを起立発言にする必要はありません。しかし、授業の中心的な内容で、生徒たちの多様な答えや考えが予想される場面では、ぜひ起立発言を取り入れてみてください。

# 10　集中させる話し方「点丸《てんまる》交換」

## ◈生徒を集中させる「点丸交換」

生徒への話し方が上手な教師がいます。要点が整理され、わかりやすい言葉でユーモアを交えて話が進み、生徒たちは毎回最後まで集中して聞いている……。そうした、まわりの教師のすぐれた技術をおおいに学びたいものです。

ところで、聞き手を集中させる「点丸交換」という話法をご存知でしょうか。文章の句点「。」と読点「、」を入れ替えて読むことで、家本先生の群読実技講座で学んだ話し方の技術です。

点丸交換は聞くものを「何だろう?」と話に引き込む話法です。話術の上手な教師はこれをやっています。変化もなくダラダラと話すから生徒が飽きるのです。点丸交換は生徒を集中させる話法であり、生徒指導にも有効です。

たとえば、「平家物語」に次の一節があります。

二十四日《にじゅうしにち》の卯《う》の刻《こく》に　源平矢合《げんぺいやあ》わせとぞ定めける。（間）すでに、陣を合わせてときをつくる

「。」「、」に従えば「とぞ定めける。」でやや長い間を置き、次は「すでに、」で短く間を取った後、最後まで読むでしょう。これを点丸交換すると次のようになります。

二十四日の卯の刻に　源平矢合わせとぞ定めける、すでに。（間）陣を合わせてときをつくる

この場合は「とぞ定めける、」でほとんど間を置かず「とぞ定めける、すでに。」まで続けた後で、「。」の長めの間を取ります。すると前の読み方よりずっと迫力が出るのです。

## ◈点丸交換の実践例

### ①全校集会で

一学期の終業式で、生徒指導主事が全校生徒に夏休みの生活心得を話したときでした。

教師「一学期お疲れさま。明日からは？」

**生徒**「夏休み」「イェーイ」

**教師**「みんなが待ち望んだ夏休みです。楽しく過ごしてほしい、しかーし。（間）心得を守って生活すること……」

本来は、「楽しく過ごしてほしい。」で一区切りして、「しかし、」と話をつなぐところです。でもその教師は「楽しく過ごしてほしい、しかーし。」と一気に言って「。」の間を取りました。さらに「しかし」を「しかーし」と強調したので、みんな「ん？」と、その教師を注目しました。そこで「次の生活心得を……」と、諸注意が始まったのです。

生徒たちは拍子抜けして大笑いしましたが、すぐ静かになって、和やかな雰囲気の中で教師の話を聞き始めました。

### ②個別指導で

「あなたはやさしくて正義感が強い人です、だけど。（間）暴力はダメ。きっと何か理由があったのよね。話してみて」

同学年の教師から、「放課後の個別指導に立ち会ってほしい」と頼まれ、そこで聞いた言葉です。本来は「あなたはやさしくて正義感が強い人です。」で区切った後、「だけど、暴力はダメ……」と続くところです。しかし、「あなたはやさしい人だよ、だけど。（間）」と、ここまでを続けて、間を取りました。また、そこで生徒と正対するように座り直しました。間と動きにつられるように、その生徒も教師の方に向き直りました。

### ③合唱コンクールで優勝できなかった日の学活で

練習の途中で意見が対立して険悪な雰囲気になりながらも、後半は実行委員を中心にみんなで団結して合唱コンクールに取り組んだクラスでのことです。

生徒たちは、「優勝するぞ！」と張り切って臨みました。しかし、結果は二位。帰りの会で教室に行くと、みんな合唱コンクールのことを忘れたように雑談していました。そこで次のように話しました。

「残念だが二組は優勝できなかった。みんな悔しいよね、先生も悔しい、でもね。（間）みんなは優勝よりも大切なものを手に入れたと私は思っています、それはね。（間）……」と、全員の名前を挙げながら肯定面を評価し、「みんなの合唱はすばらしかった。よくがんばった」と伝えました。

教師の話でもっとも重視されるのは、その内容です。しかし、生徒を話に惹きつける技術も大切です。「点丸交換」は、そんな集中の話法です。

# 第3章

# 自主性を育てる10のテクニック

# 1　短学活を成功させる「教師の話」

## ◈生徒との人間関係を築く

新任時代、帰りの会での「教師の話」が苦痛でした。毎回すぐにネタ切れとなって何も話せなくなっていたからです。帰りの会を予定より早く終えても、他学級の手前、すぐに下校させることもできずに困っていたのです。

そんなことを家本先生に相談すると、「教師の話を根本から見直してみよう」と次の話をしてくれました。

短学活は教師と生徒の人間関係を築く絶好の機会であり、その最も重要な手立てが教師の話です。話が短過ぎるのは何かが欠けているのでしょう。生徒たちは日々、膨大な情報に影響されながら生活しているから、それにうち勝つ話を提供しなければいけません。教師は自らの話を通して民主的で良心的な価値観を彼らに育てるのです。

その後、教師の話について学習する中で苦手意識も消えていきました。以下、短学活を成功させる「教師の話」を取り上げます。

## ◈何を話すか

短学活での教師の話が事務連絡や生活面での説教ばかりだったら、生徒たちも嫌気がさし、やがてまじめに聞かなくなるでしょう。では、生徒を惹きつけ、民主的で良心的な価値観を育てる話とはどのようなものでしょうか。

### ①生徒をほめる話

朝は昨日の生徒の前進面を、帰りは今日一日の前進面を具体的に伝えます。教師の話は、もっぱらこの「ほめる」が中心になるといってよいでしょう。「ほめる」という教師の評価が個々の生徒や学級集団が気づかなかった潜在的な力を自覚させ、次の行動への意欲や学級の明るいトーンをつくります。「毎日三つほめる」を自らに課して話したいものです。そのためには常に生徒や学級の様子の中から、すぐれた言動や感心する出来事を見つけようと努力しなければいけません。まわりの教師や保護者に聞いたり、作文や学級日誌を読んだりして、ほめる材料を探すこともあるでしょう。

**②感動を伝える話**

本や新聞で読み、あるいは人から聞いて感銘を受けた内容を話すこともあります。「テレビで沖縄の中学生の平和スピーチを聞いてね。感動したんだ」と、感じたことを素直に伝えます。

**③課題を示す話**

「先日、実行委員の声を無視して、数人が放課後練習をサボったことから、学級の雰囲気が悪くなったね。このまま体育祭を迎えてよいだろうか。全員で問題点を出し合って、残り三日間をどうするか、話し合ったらどうかな」というように、学級の課題を取り上げ、どう取り組むべきかを助言し、みんなならば協力して乗り越えられると励ます場面もあるでしょう。

**④情報を提供する話**

「Aさんの人権標語が市の優秀作品に選ばれました。こんな標語だよ……」「昨日の全校保健委員会で我が組代表のBさんが○○を提案したらね……」「来週のC高校文化祭で中学生を対象に天体観測会を行うそうです。興味のある人は参加してはどうでしょう」というように、仲間の動静、学年や全校、生徒会、他校の情報を紹介します。生徒は同世代の考えや行動に強い関心を持っています。

**⑤経験を語る話**

「じつは私の中学時代はね」と教師自身の幼少期や小中学生時代の経験を話すのもよいでしょう。そこでは「勉強ができた」「スポーツ万能だった」などの自慢話よりも、叱られた出来事や失敗談の方が生徒の共感を得るものです。当時の生活習慣や現在との違いなどを語るのも面白いでしょう。

**⑥社会的事象や時事問題を解説する話**

そのときどきの社会情勢や時事問題、科学や文化の話題、世界の出来事などを紹介し、平和や平等、人権や生命尊重などの視点から解説します。教師の話から未知の分野への興味を抱く生徒もいるはずです。

**⑦読み聞かせ**

「読書月間」といった校内活動に合わせて、期間を決めて毎日一～二ページずつ、短編小説やエッセイの読み聞かせをした実践もあります。

こうした項目の中から①を必須とし、あとは学級の状況やその時期に合うものを取り上げます。生徒は教師の話を楽しみに待つようになるでしょう。なお、ここに挙げた話の題材は短学活に限定せず、様々な場面で生徒たちと語り合いたいテーマでもあります。

## 2 学級内の勢力図を書いてみる

### ◆指導は集団の力に依拠《いきょ》する

家本先生の教育講演会で「指導は集団の力に依拠する」という言葉を聞いたことがあります。「依拠」とは「物事を成り立たせるもとになること。よりどころ」という意味です。

しかし、「集団の力に依拠する」とはどういうことなのか、当時はその意味がわかりませんでした。後日、そのことを手紙で尋ねると、先生から次のような返信が届きました。

指導は教師がやろうとすることに対し、生徒たちが「その通りだ。よしやろう」と、立ち上がるとき成功します。「師弟志を一つにする」とも言います。

教師の指導が成功しないのは、師弟の志が一致していない、つまり、集団内で教師の考えを支持しない生徒が多数を占めているからでしょう。言い換えれば、学級内の大多数が指導を支持していればその指導は成功するということです。「指導は集団の力に依拠する」とは、そうい

**う意味なのです。**

指導の受けとめ方によって集団をいくつかの層に分け、その中の肯定的な層を厚くしていこうという発想です。

## ◈学級の勢力図を書いてみる

「指導は集団の力に依拠する」という言葉について、私は次のような場面をイメージしています。たとえば、学級でいじめが起きているとします。教師はすぐに該当する生徒を指導するはずです。あわせて、学級では「いじめをやめよう、やめさせよう。いじめのないクラスにしよう」と訴えるでしょう。

このとき教師の言葉の受けとめ方はおよそ次のように分かれます。

①「先生の意見に賛成だ。いじめは良くない。私は誰もいじめないいし、いじめがあればやめさせたいと思っている」と教師に賛同し、まわりにも働きかけようと決意する生徒。リーダー層。

②「先生の言う通りいじめは良くない」と教師に賛同し、少なくとも自分はしないと決意する生徒。リーダー候補であり良心的な勢力。

③「たしかにいじめは良くない。でも、やっている人はふざけているだけかも……」と教師を一応支持する生徒。しかし、強い考えではなく、周囲の意見に引っぱられやすい。中間層。

④「どうでもよい。自分には関係ない」と聞き流す生徒。無関心層。
⑤「うるさい」と教師に反抗する生徒。または、いじめに関わっている生徒。

日頃の生徒たちの言動を思い浮かべながら①〜⑤の層に名前を書き込みます。これが学級分析の第一歩でしょう。勢力図が書けたら、まずは①や②の人数を見ます。大多数か？　半数くらいか？　数人か？　ほとんどいないのか？

こうして現在の教師の指導が生徒に支持されているかどうかを把握し、その後も同じ指導を続けるか、修正するか、という方針を立てます。

## ◆学級内の肯定的な勢力を増やしていく

学級で何らかの問題が起きたとき、教師の指導はともすれば該当する生徒に集中しがちです。前述のいじめの例でいえば、いじめを受けた生徒への充分なフォローと共に、いじめた生徒への指導を徹底します。このとき、まわりの生徒に対しては、集会や道徳でいじめを取り上げて、いじめを許さない心情を育てるといった指導をするくらいです。

ときにはリーダーたちを集めて、「今後いじめに気づいたらすぐ先生に知らせてほしい。そしてできたらやめるよう働きかけてほしい」と頼むこともあるでしょう。

こうした教師の対応には、集団内のリーダー層を増やそうという発想がありません。教師がある事柄について指導したとき、それが失敗するのは、学級の大部分が④や⑤の生徒であり、その否定的な勢力が全体を覆っていることが多いからです。

したがって、指導を成功させるには、教師の指導を支持する生徒がせめて学級の過半数はいて、全体に肯定的な影響を与える状態にすべきだということです。

言い換えれば、生徒たちの多くを、学級をプラスの方向に導く①や②のような生徒に育てていこうという発想です。

「指導は集団の力に依拠する」という言葉は、今の学級の中に前向きな集団を新しくつくるという、学級集団づくりの本質を伝える言葉だといえるでしょう。

## 3　教師のＮＧワード

### ◆師の言は水火《すいか》のごとし

部活の帰りに買い食いをしたとして、顧問教師が数人の生徒を職員室に呼んで説教し、最後に「今度やったらぶっ殺すぞ」と冗談っぽく締めくくっていました。しかし、冗談でも「ぶっ殺す」はないと思いました。

また別の教師は、夏休みの宿題が未提出だった生徒を放課後に残してやらせ、数日後、その生徒が仕上げた問題集を持ってきたとき「やっと提出？　へたれ！」と嫌味を言いながら受け取っていました。「へたれ」とはダメな奴という意味の俗語です。なんとも冷たい言い方です。聞いていて腹立たしくなりました。

ここは、「お疲れさま。がんばったね」と宿題をやり遂げた努力を認めた後で、「次からは期限を守りなさい」と諭すところではないでしょうか。

教師の言葉について家本先生は次のように述べています。

教師のひどい言葉が生徒の心にダメージを与え、生きる希望をそぎ、発達を疎外することがあります。教師不信を引き起こし、指導不成立を招くこともあるでしょう。「師の言は、水火のごとし」という格言があります。教師の言葉は水や火のように大切だという意味です。教師は自らの言葉の重さを認識するとともに、言ってはならない言葉があることを知るべきです。

## ◈言ってはならない教師のＮＧワード

あらためて生徒に対する自分の言葉を見直したいものです。そこで、教師が言ってはならない言葉＝「教師のＮＧワード」を大きく一〇項目に整理してみましょう。

### ①命を軽視する言葉

冒頭の「ぶっ殺すぞ」と言った教師以外にも、「死ね」「消えろ」などと暴言を吐く教師を見たことがあります。こうした言葉は許されません。自他の命を軽く、粗末に扱う心情や態度を育てるからです。学校はどこよりも命の大切さを教える場所であるべきです。

### ②存在を否定する言葉

いじめの指導をする中で、加害の中心になった生徒に向かって「あなたはこのクラスには必要ない」と言った教師がいました。こんな発言もだめでしょう。

家本先生に聞いた事例ですが、「先生、明日は僕の誕生日だよ」と話しかけてきた生徒に、「きみにも誕生日があったのか」と応じた教師がいたそうです。このように相手の存在を否定する言葉に生徒は傷つき、教師への信頼感が消え、その後の指導を拒否するようになるでしょう。そんな発言が保護者に伝わり、大問題に発展したケースもあります。

### ③比較する言葉

「お兄さんは真面目だったのに、あなたは」とか、「去年の三年生はできたが、今年のきみたちは」というように、他者と比べて欠点や足りない点を指摘する言葉です。教師は発奮させようとして使いますが、生徒はプライドを傷つけられたと感じ、その意図が伝わりにくいものです。

### ④親をけなす言葉

生徒が「朝から進路のことで母に叱られた。うるさい親で嫌だ」と話しかけたとき、「それはお母さんが悪いね」と返事をしたために、その生徒から嫌われた教師がいます。

教師は生徒に共感する気持ちから、そう言ったはずです。しかし、生徒は、自分は親の悪口を言ったとしても、他者が親を批判するのを好意的に受けとめることはありません。教師が自分の考えに賛同したことよりも、愛する家族がけなされたことに反感を抱くでしょう。

### ⑤努力を認めない言葉

前述の、宿題の提出が遅れた生徒に対する「やっと提出？」などは努力を認めない言葉の典型です。また、「本当にあなたがやったの？」と生徒の努力を疑う言葉や、「こんなこともできないの」と結果のまずさだけを見て、がんばった過程を評価しない言葉もあります。

生徒は、その結果を得るまでに大変な努力をしたのではないか。教師には、こうした想像力が必要ではないでしょうか。

### ⑥友人関係を壊す言葉

「Aさんとはつきあわない方がいい」とか「きみたちのグループがクラスの雰囲気を悪くしている」といった言葉です。こうした言葉は、生徒が何よりも重要視している友人関係を壊すメッセージとして受けとめられ、その教師に強く反発するものです。

## ⑦人格や人間性を否定する言葉

「そんなことをするなんて、あなたは悪い生徒だ」「本当にダメな奴だ」というように、叱る場面で使われやすい言葉です。こうした教師の言葉は生徒の自尊心を傷つけ、「どうせ自分なんか」と自棄的な気持ちにさせてしまいがちです。

そのようなときは、「あなたは悪い生徒ではないが、やったことは悪い」と、行為と人格を切り離して叱るべきでしょう。

## ⑧能力や可能性を否定する言葉

「あなたには無理だ」とか「いくらやっても無駄だよ」など、行動する前から生徒の能力や可能性を否定する言葉です。ただし、あえてこうした言葉で相手を挑発する指導もあります。私も「この曲は高校生向けの四部合唱だから中三のみんなには無理だ」と話して生徒たちの反発心を煽り、合唱祭で難曲にチャレンジさせたことがあります。

しかし、昨今はこんな指導が難しくなりました。彼らは教師から、自分の能力不足を指摘されたと感じて、やる気を失ったり投げ出したりすることが多くなったからです。

子どもの性格や学級の状況、教師との関係にもよりますが、こうした言葉はなるべく避けるべきでしょう。

**⑨流行にのった安易な言葉**

「ヤバイ」「マジ?」「ダサい」「うざい」「しょぼい」など、生徒たちの会話で頻繁に使われる言葉です。こうした言葉の中には他者を蔑視するニュアンスを含むものや、語源にいかがわしさを感じるものがあります。

ときには生徒との雑談でこれらの言葉を使うこともあるでしょう。しかし、基本的に教師は授業中だけでなく生徒と接するすべての場面で節度を持った正しい言葉を心がけるべきでしょう。

**⑩容姿や趣味などをけなす言葉**

軽い気持ちでも、「太ったね」とか「きみって毛深いね」など容姿や体型をからかう言葉は厳禁です。また、「あなたが読んでいる本だけど、先生はそういうジャンルの本は嫌い」などと、生徒の趣味・興味をけなすような物言いも控えるべきでしょう。

生徒は自分の個性を否定されたと感じて、教師に心を開かなくなってしまいます。

# 4　NGワードより、もっと悪いのは？

## ◆もっとも悪いのは無視

師の言は、水火のごとし。教師の言葉は生徒の成長にとって「水火のごとく」欠かせないものです。それらは彼らの意欲を引き出し、力を伸ばすものですが、使う言葉を誤れば、彼らに冷水を浴びせ、火傷を負わせることにもなりかねません。

ところで、教師のNGワードで一番悪いものは何でしょうか。それについて、家本先生は次のように述べています。

教師は言葉や行動を通して生徒に様々なメッセージを伝えます。したがって、「教師が使ってはならない言葉」を考えるとき、もっとも悪い態度は無視することだと知っておくべきでしょう。無視は相手の存在を認めないことです。

生徒は良いことや悪いことをすれば、教師や親からほめられ、叱られるのが自然なことだと感じています。しかし、何をしても反応してもらえないとしたら、これほど傷つくことはないでしょう。

深く迫ってくる言葉です。「生徒を無視しない」教師でいたいと思います。ただし、多忙な日常の中で生徒の話を丁寧に聞いてやる余裕がないときもあります。そんなときはどうするか。そこでは、「そうなの」「それはいいね」「おもしろそうだね」などと、単純な返答で急場をしのぎ、「後で詳しく聞かせてね」と約束をして、あくまで無視することのないようにします。

## ◈ＮＧワードと逆の発想を持つ

教師のＮＧワードを考えてきましたが、私たちはこうした言葉を慎めばよいというものではありません。たとえば、「朝から母親に叱られた」と話す生徒に「悪い親だね」と同調して、その生徒から反発された教師がいますが、この場面ではどう声をかけるべきだったかを考えてみます。こうした問題意識こそが重要です。ここでは、「朝の忙しいときに、あなたの進路を心配して叱ってくれるなんて、いいお母さんじゃないか」と、ほめる材料にして応えてやればよかったのではないでしょうか。

また、グループ化して周囲に悪影響を与えている女子には、個別に「このメンバーから離れた方がいいよ」と言うのではなく、「あなたたちは仲が良くて、うらやましいな」と、親密さや結束の強さをほめた上で、「四人で体育祭の応援リーダーに入ってみたら」と、公的な活動への参加を促すようなアプローチも考えられます。

この二例はどちらも「悪い親だね」を「いい親だね」、「離れた方がいいよ」という否定的な言葉を、「仲がいいね」と肯定的な視点で言い換えたものでした。

このように、NGワードに留意することは、NGワードと逆の発想で生徒と接することでもあるといえるでしょう。

## 5 生徒は「愛情志向」、教師は「利益志向」

### ◆生徒が学校に来る理由とは？

生徒はなぜ学校に来るのだろうか？　家本先生からそう聞かれて戸惑ったことがあります。生徒が登校する理由など考えたこともなかったからです。先生は執筆予定だった本の参考にしたかったようで、すぐに、次のアンケート調査を頼まれました。

**質問**　あなたが学校に求めるもの、言い換えれば学校に来る理由として、自分の考えにもっとも近いのはどれですか。

①毎日を楽しく過ごすため　②勉強や部活などで力を伸ばすため

③友人と仲良くするため　④特に理由はない。何となく

家本先生はこの四項目を①欲求志向型、②利益志向型、③愛情志向型、④無気力型と呼びました。その後、勤務校（中学校）でアンケートを実施したのですが、七割以上の生徒が選んだのは、③の「友人と仲良くするため」でした。

### ◆愛情志向vs.利益志向

この結果から、生徒たちの多くは「愛情志向型」の価値観を持つことがわかります。友だち関係を何よりも重視しているということです。これに関連して家本先生は次のように述べています。

**たとえば数人の女子がおそろいの派手なリボンを付けていたら、教師はやめさせようとするでしょう。おしゃれなどに気を取られず、勉強に励むべきだという「利益志向型」で教師は動くからです。放っておけば真似をする生徒が増えて生活面が乱れ、授業に支障が出るかも。そう**

考えるから、リボンを禁止にして、違反するグループを解散させようとするのです。しかし、生徒は素直に従いません。教師の指導が成立しない原因の一つはこうした行き違いにあります。

たしかに教師の価値観は「授業や諸活動を通じて生徒の学力を伸ばす」という「利益志向型」です。生徒たちの「愛情志向型」とは大きく異なります。

「おそろいのリボン」は、生徒にとって単なる飾りではなく、友だち同士の親密さを確認する象徴だったはずです。しかし、教師はそんな心情を無視してリボンを禁止にし、グループの解散まで迫りました。だから、彼女たちは「愛情志向」の中心である友だち関係を壊そうとする教師に抵抗したと考えられます。

## ◈価値観の違いをふまえた指導を

生徒の価値観に気づかなかったために、彼らとの関係を壊し、その後の指導をやりにくくする場合があります。

### ①授業中に手紙を回す生徒

授業中、こっそり手紙を書いて回していた生徒たちを、「そこの三人は手紙をやめなさい。足を引っぱり合う友だちは最低だよ」と大声で叱る教師がいました。教師は「授業を疎かにすれば内容がわからなくなって勉強が嫌になり、最後に困るのはあなたたちだ」と考えて叱責したはずです。しかし、名指しされた三人はふてくされていました。

**②嫌味を言いながら近づく生徒**

体育祭練習のため、昼休みに運動場へ向かっていたときです。数人の女子が若手のA先生に近づき、「先生のジャージって地味でダサいね」とからかうように話しかけてきました。すると、横にいたB先生は「そんなことどうでもいいから早く行きなさい」と無愛想な顔で追い払ってしまいました。

この二例ではもう少し違った対応ができなかったでしょうか。

前者は手紙回しをやめさせるために友だち関係まで否定しました。しかし、この場では、「授業に集中していない人がいるようだね」と全体的な注意で行為をやめさせ、授業後の個別指導で「手紙のやりとりは悪くない。でも、授業中にやってよかったのかな？」と穏やかに諭す方法もあったはずです。

また、後者は、生徒たちが教師に悪態をついているように見えます。しかし、「愛情志向型」の彼らが教師と仲良くなろうとして話しかけていたとも考えられます。ただ、どんな会話をすればいいかわからず、攻撃的な言葉で迫ったということです。そう考えれば、「あなたたちみたいなセンスのいい子の意見を参考にして次のジャージを買おうかな」と応答することもできたでしょう。「先生ってノリがいいね」と距離が縮まったかもしれません。

「愛情志向型」の価値観を考慮して、生徒の行為を許容するのではなく、彼らの価値観を知った上で、教師の「利益志向型」による硬い指導を見直そう。そう教える言葉です。

## 6 生徒の話を引き出す「相づち」

### ◆生意気な相づちを注意された

「なるほど」「たしかに」「そうですね」……こうした言葉をはさみながら家本先生の話を聞いていたら、「きみだからあえて言うが」と前置きして、次のように注意されたことがあります。

「きみの相づちは生意気な感じがする。ものを教わるときや目上の人と話すときは謙虚な『受け』を心がけた方がいい」。続けて「教師が生徒の話を聞くときの相づちにもセオリーがあるんだ」と、次のように教えてくれました。

相づちには「あなたの話の内容がわかる」という〈理解〉と「あなたの話に賛成だ」という〈同意〉の二つがあります。生徒の話を聞くときは、ここを混同してはいけません。まずは、〈理解〉を最優先すべきです。教師はそんなねらいを持った「相づち」の技を身に付けたいものです。

「〈理解〉を最優先すべき」ということを私は次のように解釈しています。
「内容の是非はともかく、この生徒が言いたいことはこれだな」というように、生徒の話の内容を正しく把握することが最重要であり、必要な指導があればその後に行えばよい。
では、そのための「相づち」とはどのようなものか、見ていきましょう。

## ◆相づちの極意

相づちとは、会話の途中で相手の話にはさむ短い言葉であり、会話を円滑に進める働きかけです。以下、生徒の話を聞く相づちの要点を整理します。

**①あやふやな話でも否定しない**

たとえば、生徒がＵＦＯを見たという体験談を話していたら、つい、「飛行機と見間違えたんじゃないの」などと言ってしまいがちです。しかし、こういう相づちは生徒を落胆させ、話を途切れさせます。ここは単なる雑談ですから、「すごい」とか「どこで見たの」などと受けて、話の続きを聞くところです。

**②話を遮る相づちは避ける**

「先生、聞いてください。英語の時間に山下が……」と教科担任の授業の進め方について相談に来た生徒がいました。すぐに「待った」と話を止め、「先生を呼び捨てにしてはダメだ。山下先生と言いなさい」と叱ったのですが、「もういいです」と口をつぐんでしまったことがあります。

また、けんかの原因を話し始めた生徒に「自分に都合のいい理由だね」とか「先に手を出したあなたが悪い」と批判しながら聞いたため、その生徒がふてくされ、後の指導に苦労したこともあります。

言い方に問題があっても、話が矛盾していても、そこでは責めたり揚げ足をとったりせず、「それから？」「そのときどう思った」と、続きを促す相づちで、まずは最後まで一気に聞くところでしょう。

**③気勢を削ぐ相づちもよくない**

話に水を差し、流れを断ち切るような相づちも禁物です。「その話。加藤さんから聞いたよ」「待って。

今、誰かの声がしたよね？」「それ、先週テレビでやっていたぞ」。こういう相づちをされると、生徒は自分が軽視されているように感じ、だんだん話す意欲が薄らいできます。

### ④ときには動作も交えた相づちも

万歳をしながら「やったね」。そして、「すごい」「えーっ」と肩をすぼめて驚く。拍手をしながら、「面白過ぎる」「最高！」と言葉をはさむ……こうした動作を交えた相づちも有効です。ただし、やり過ぎるとわざとらしくなるのでほどほどにすべきでしょう。

### ⑤話の感想を相づちで伝える

感想を相づちにする場合もあります。たとえば、生徒が前夜の夕食の話を始めたら、「ご馳走だったね」「お腹が減ってきたぞ」と受けてやります。怖い話だったら「背筋がぞくぞくする」。親が留守の間、一人で家事をやり遂げた生徒の話に「よくがんばったね」「立派だよ」。ここでは「くだらない」とか「その話には興味ないね」などとけなさず、肯定的な感想だけを短い言葉で伝えます。

### ⑥多様な相づちの言葉を蓄えておく

「いい話だ。学級全員に聞かせたいな」「不思議！　なんでそうなるのかな」「よくやった。成功、間違いなしだよ」「お母さんもきっと喜ぶね」……。

生徒の話に共感し、その内容にふさわしい表現で返してやれるように、各教師の持ち味を生かした多様な相づちの言葉を身に付けておきたいものです。

こうした教師の相づちによって、生徒は「先生が私の話に関心を持ってくれている」と嬉しく感じ、もっと聞いてもらおうとして話を続けることでしょう。

## 7　持ち続けたい初心者・入門者への配慮

### ◈不愉快なレストランの思い出

数年前、出張で上京したときです。昼の休憩時間になり、友人と近所のレストランに行ったのですが、注文した料理を待つ間、店員同士がずっとふざけ合いながら笑っていたことがありました。後から入店した客にも気づかないほどで、そんな店員の態度に不快感を抱きながら早々に退店したものです。

今でも時々こんな店を見ることがあります。ケースは全く違いますが、そんなときに思い出す言葉があります。

教師の研究会やサークルのなかには設立メンバーや役員だけが盛り上がり、他の参加者が居心地の悪い思いをしているところがあります。また、活動を推進するリーダーたちが難解な理論や専門用語をふりかざして学習を進め、他の会員は質問や意見を出しにくい、といった雰囲気の会もあります。そんなところは退会者が増え、評判を聞いて新会員も入らず、次第に衰退していきます。自分たちだけが満足し、学習を始めたばかりの人への配慮がないからでしょう。

そんな研究会をいくつも見てきました。どんな活動においても「初心者・入門者を大切にする」という心構えを忘れてはならないのです。

## ◈転任当初の苦労した経験

「初心者・入門者を大切にしよう」という言葉に強く共感した経験があります。

それは、私がある中学校に転勤した当初の数日間のことでした。

校内人事で一年の担任になったのですが、なんと学年所属のメンバー全員が今年の転勤者でした。そして最初の学年部会で、各小学校からの卒業生名簿を渡され、「今からこの場で学級編成をお願いします」と言われたのです。

過去の勤務校では、前年度の教師が小学校からの申し送りを受けて新入生の学級編成を済ませておくのが通例でしたから、「今から学級編成を」と聞いて、驚くと同時に腹立たしくなりました。それでも入学式まで三日間しかない状況の中で、慌てて準備をしたものです。

また、年度当初の職員会議では次のような発言が続きました。

「職員研修は『いこい』で行います」「PTAの学級役員は『リザーブ』の選出まで忘れずにお願いします」「各学年の『親和委員』は校長室にご集合ください」「今年転入した先生方は、明日の午後『挨拶回り』に行ってもらいます」……どれも転勤した直後の私には意味がつかめないものでした。

ちなみにそれぞれの言葉は、「いこい」が第一相談室の名称、「リザーブ」はPTA学級役員が欠員になった場合の予備役員、「親和委員」は職員間の慶弔や飲み会の世話をする係、「挨拶回り」は今年の転入職員が、教育委員会や校区内の全小学校、郵便局等へ挨拶回りに行くという地域独自の慣例のことでした。

入学式直前なのに学級編成が白紙だったり、学校独自の用語が頻繁に使われたりする様子を見て、転任者に冷たい職場だなと感じたものです。当然、翌年からは転任者向けのオリエンテーション係を作り、時間を半日使って校舎や校区の案内、印刷や放送機器・パソコンなど設備の場所や使い方の説明をするように改善していきました。

また、学校独自の用語を使う場合は必ず説明しようということも申し合わせました。たとえば、「四月のＰＴＡでは学級役員と共にリザーブも一名選出してください。ちなみに、リザーブとは現役員が任期途中で欠員になった場合の予備役員のことです」というようにです。

## ◈転入生も大切に迎えたい

転入生を迎える心得としても、この言葉を忘れないようにしたいものです。

たとえば、事前に保護者から、担任に伝えておきたいことや健康面での配慮事項などを聞いておく。机・椅子・ロッカー・靴箱等は破損のないものを用意し、当日「とりあえずここに」などと言うことがないようにする。

また、教科書類は地域によって使用教材が異なる場合もあるので、事前に調べて授業に支障がないよう揃えておく。他にも、座席の場所をどこにするか、歓迎の言葉はどうするかなど、いろいろな配慮が考えられるでしょう。

謙虚さと仲間への思いやりが何より大切だという、集団活動を進めるときの要点を教える言葉だといえます。

## 8　生徒との雑談　六つのセオリー

### ◆仕事の優先順位を見直そう

放課後は教室の戸締りをしながら、残っている生徒たちとたわいない話をしてひと時を過ごす。教職に就く前はそんな情景を想像していましたが、実際には仕事に追われ、生徒と談笑する時間や気持ちの余裕はありませんでした。それに雑談といっても、何をどう話せばよいのかよくわかっていなかったのです。しかし次の言葉をきっかけに、生徒との雑談を心がけるようになりました。

多忙で生徒と雑談するゆとりがないとか、雑談の時間があれば他の仕事をすべきだといった声を聞きますが、まずは仕事の優先順位を変えることです。「雑談」と思うから優先順位が下がるのであり、生徒と交流する中で、彼らを理解する「ふれあい」だと考えれば優先順位の上位になるはずです。ただし、生徒との雑談にはセオリーがあります。接し方次第で彼らは本音で雑談に応じてくるでしょう。

## ◈生徒と雑談するセオリー

生徒と雑談する際のセオリーとは何か。私が考える要点を整理しましょう。

### ①ゆったりと構える

仕事に追われて、いつも憮然とした顔で慌ただしく動き回っている。教師のこんな態度を生徒は近寄りがたいものに感じるはずです。どんなに多忙でも、教師は自分の姿が生徒にどう映っているかを考え、彼らが安心して、話しかけたくなるような、ゆったりした構えが必要です。

### ②最初は教師から働きかける

生徒は教師と仲良くなりたいという欲求を持っています。その第一歩が雑談ですが、前項のように教師が常に忙しそうでは生徒側から話しに来ることはありません。

まずは教師の方から気軽に話しかけ、その繰り返しの中で生徒との距離を縮めていきます。

### ③一人でなくグループを相手にする

生徒との雑談はなるべく一対一にならないようにします。生徒にとって教師の存在は大きく、マンツーマンではその圧力を強く感じて、気楽に話せなくなるからです。生徒たち数人を相手にすれば、彼らもまわりに友だちがいる安心感から開放的な雰囲気の中で話が弾むでしょう。

**④いつでもどこでもできる**

雑談は決まった時間や場所で行うものではありません。時間や場所を設定して話すのでは会議とか話し合いになってしまいます。

雑談は仲間内でのとりとめのない話ですから、休み時間や昼食時間、放課後、掃除を終えた後、廊下ですれちがったときなど、いつでもどこでもちょっとした時間にできるものです。

**⑤相手の関心事への質問から始める**

雑談のスタートは、相手の関心事や得意な分野の質問から入ると、その後がスムーズに進むものです。「『鬼滅《きめつ》の刃《やいば》』って人気だよね。映画見たんだって。どうだった?」「友だちと遊園地に行ったの?いいね。どのアトラクションが良かった?」「近くにおすすめのラーメン屋ある? 最近どんな歌が流行ってるの?」「先生さ、犬を飼いたいんだけど家で犬を飼っている人いる?」……このように私は聞いていきました。そのためには生徒たちの間で流行していることやそれぞれの生徒の特技などを把握しておく必要もあるでしょう。

## ⑥教師の自己開示も大切

たとえ雑談でも本音で語り合いたいものです。この点について家本先生は「生徒の本心を引き出したければ、教師も自分をさらけ出すことだ」と述べています。

たとえば「部活はどう？」と聞いて、生徒が「普通です」と答えたとき、「では授業はどう？」「学校生活は？」と発展性のない問いを続けても話は盛り上がらないものです。

ここは、「先生は野球部だったけど、試合では緊張してボールをまっすぐ投げきれず、三年間補欠だったよ」などと自分の経験を話すのもよいでしょう。「私もサーブが全然入らなくなるから、試合は嫌です」などと、素直な言葉で応じてくれるのではないでしょうか。

雑談を重ねながら生徒との親密さや信頼関係が強くなっていきます。その中で、彼らが抱く学校への不満や、ときには深い悩みを知ることもあります。雑談は無駄な交わりではありません。セオリーをふまえて、生徒と大いに雑談しましょう。

## 9　雑談では教えたがらず三つを聞く

### ◈教えたがり屋は敬遠される

友人同士で雑談をしているところに割り込んで、「それはこういうことさ」と話をまとめたがる人がいます。また、他者の意見を聞かずに自分の考えを押し通す人や、自分だけでしゃべって他の人に話す機会を与えない人もいます。こんな人はまわりから敬遠されます。雑談が気楽な世間話ではなくなって座が白けるからです。

教師と生徒の雑談でも同じことがいえます。それについて家本先生は次のように述べています。

> 教師は教え好きですから、生徒と話していると、つい教えよう教えようとしてしゃべり過ぎることが多くなってしまいます。これでは双方向の会話になりません。教師と生徒の雑談はフィフティフィフティの関係であって、上下、師弟の関係ではないのです。「雑談では教えたがるな」ということです。

生徒は教師にやや距離を感じながら、一方では、もっと仲良く話をしたいと思っているものです。だから教師が雑談に入ってきたら、生徒たちはうれしくなってあれこれ話そうとします。それなのに途中で「そんなときは……するものだよ」「その考え方は間違っている」「そんな遊びはやめたほうがいい」と教師が口を挟んだらどうでしょう。これでは雑談というより説教です。

生徒は「先生がいると楽しくない」と感じ、次第に教師との雑談を避けるようになるはずです。

「教えたがるな」とは、話の途中で説明し、結論づけ、注意しようとする教師の姿勢を戒めるものだといえるでしょう。

## ◆雑談では三つを聞く

「雑談で教えたがるな」とは「聞き手にまわれ」ということです。

では、雑談で何を聞くか。家本先生は「生徒の感情を聞く」「生徒の得意分野を聞く」「情報を聞く」を挙げています。この三つを見ていきましょう。

### ①生徒の感情を聞く

生徒たちが雑談する様子を見ていると、ゲームや遊びの話をしたり冗談を言ったりするだけでなく、ときにはテストや部活などのまじめな話、さらには教師の悪口や誰かの噂話というように、様々な内容を気ままにしゃべっています。

そんな雑談の輪に加わりながら低俗な話題が続けば、「その話はやめようよ」と制したくもなりますが、他者を傷つけるなどモラルに反した内容でなければ話を最後まで聞いてやります。

そして、「すごい。面白そう！」「それは腹が立つよね」「それはビックリだね」などと共感的に受けてやります。

生徒の話から、生徒たちが抱く「うれしい」「楽しい」「面白い」「悔しい」「嫌だ」「悲しい」「こわい」などの感情を想像する。そして、彼らの関心事や考えを理解する。「生徒の感情を聞く」とはそういうことでしょう。

**②生徒の得意分野を聞く**

まわりから「アニメ博士」とか「けん玉名人」などと呼ばれる生徒がいます。

他にも、ダンスやスケボーが上手、鉄道マニア、将棋やオセロが強い、イラストが上手、動物好き、マンガ好き、切手を収集しているなど、どの生徒にもこうした「好きなこと」「夢中になっていること」があるものです。そんな生徒の得意分野をさりげなく話題にして、いろいろなことを聞いていきます。

生徒は誇らしげな表情で教師に教えるはずです。そして、話を聞いてくれる教師がいっそう好きになり心を開くようになるでしょう。

### ③情報を聞く

雑談から意外な事実や噂を知ることがあります。「いつも一緒にいるMさんが今日はいないね」という話から、いじめが発覚したこともあります。

「情報を聞く」とは、教師が気づかないところで問題行動や非行は起きていないか、不登校になりそうな生徒はいないかなどの情報を得るということです。

ただし、これには留意点があります。

「情報を得ることを雑談の主たる目的にしない」ということです。ときには、重要な情報を知ることもありますが、雑談はあくまでも自由で無責任な会話です。

生徒指導上の情報収集のために教師が雑談に加わっていると生徒が感じた途端に、彼らは教師に不信感を抱き、本音を語らなくなるでしょう。

かつては「生徒との雑談が教師の本務だろうか」と疑問を感じることもありましたが、今は、「生徒とふれ合い、彼らを理解する、優先順位の高い仕事だ」と考えています。

## 10 自主性は「要求」を教えることから

### ◆学級づくりの目標は自主的な学級をつくること

「教師がいないと帰りの会も開けない」と同僚が嘆くのを聞いて、かつての自分の学級が思い浮かんできました。まず、教師が騒々しい教室を静かにさせ、司会者に登壇を促し、その後「発表は大きな声で」とか「集中して聞こう」などと注意しながら帰りの会を進める……。毎日、まさに教師がいないと会が開けませんでした。それが苦痛で、翌年からは、「自分たちで充実した短学活ができる学級」を最大の目標にしてきたものです。

自主的な学級とは、教師から逐一指示されなくても、生徒たちで学級のことを決めて、行動できるということです。自主的な学級について、家本先生は次のように述べています。

**生徒たちが悪いことをすれば教師は注意し、叱りますが、いつも同じでは効果が薄れるので、大声で注意し、怒鳴るというようにエスカレートしていきます。それが続くと、生徒たちに嫌**

われ、教師自身もストレスが溜まっていきます。そうならないよう注意し、叱る労力の大半を自主性の育成に注ぐべきでしょう。自主性を育てれば生徒たちが互いに高め合うからです。たとえば、「いじめをやめなさい」と教師が言う前に、生徒たちがいじめに気づいて「いじめをやめよう」と言い出し、みんなで注意し合う。これが自主的な学級であり学級づくりの目標です。まずは、「要求」を教えることから始めるとよいでしょう。

教師から生徒への一方向だけでなく、生徒自身が考え、行動し、相互に働きかける……。そんな自主性を育てるキーワードとして「要求」が挙げられています。

## ◈要求を教えて、自主性を育てる

### ①公的な活動での要求の仕方を教える

学級には学習部や生活部など、生徒会組織に合わせた専門委員会があります。給食当番や掃除当番など全員が順番に受け持つ活動もあります。また、リーダー会や学級文庫係など独自の組織や係を持つ学級もあるでしょう。さらに、体育祭や合唱コンクールなどの行事では学級で実行委員を選出することもあります。

これらはすべて学級で決まり、みんなに認められた活動です。公的な活動といってよいでしょう。

そんな公的な活動の中で、みんなにお願いしたいことを「要求」として発表させます。

「学級目標を決めるので、文案を金曜までに各自一つ提出してください」「給食当番です。来週から配膳方法をビュッフェ形式にするので、トレイを持って一列に並ぶようにお願いします」……こうして実際に要求させせます。

**②要求を聞く側を指導する**

まわりの生徒たちには、次のようにⓐⓑで意見を出させ、その後ⓒで要求を受け入れるかどうかを決めさせます。

ⓐ正しい要求か？

ⓑ要求に従う前に質問はないか？

ⓒ過半数が納得できる要求なら、それを受け入れることを決める。

ⓐⓑⓒについては、生徒たちが慣れるまで教師が進行するとよいでしょう。

なお、ⓒは多数決あるいは全員一致で決めますが、「要求を受け入れる」とは、責任をもって「全員で要求されたことに従う」ことだと、要求を安易に捉えないように伝え、その後の活動を励まし、援助します。

### ③要求が未達成なら再度要求させる

要求が守られない場合には、たとえば、「放課後練習を二〇分間で終えると決めたのに数人が開始時刻に遅れました。その人たちは理由を言ってください。（遅れた生徒たちが理由を述べたあと）次回は全員開始時間に集合してください」とあらためて要求させます。ここでは、遅刻の理由が正当なものなら許し、サボりやうっかり忘れなら次からどう行動するか決意を発表させます。また、要求の内容に不備があれば修正します。このように一進一退しながら要求されたことをみんなで実行していきます。

### ④公的な活動以外に広げていく

教師の助言がなくても、自分たちで公的な要求ができるようになったら、「今後は、みんなに守ってほしいことや、やめてほしいことがあれば、係や委員だけでなく誰でも学活や帰りの会でお願いできるようにしよう」と全員に伝えます。なお、「要求がある人はまず先生にその旨を伝えてください。いつみんなに言うかを相談します」という手順も教えておきます。はじめは教師が助言しながら、公的な活動以外の場面でも多くの生徒からいろいろな要求が出てくるというスタイルを定着させていきます。

何を要求し、まわりはそれにどう応えるか。そうした「要求」を数多く経験することによって、生徒は自分を取り巻く諸問題に気づき、声を上げ、行動する、といった自主的な力を身に付けていくでしょう。

# 第4章

# 問題に取り組む10のセオリー

# 1　四つの「根《ね》」に向かって指導する

## ◈注意と叱責だけで行き詰まる教師

教室では今日も私語が飛び交う中で、朝の会が進んでいた。こんな場面で……。

——教師が「おしゃべりをやめて。集中しましょう」と穏やかに注意すると私語はやんだ。次の日の朝の会。やはり私語が多く、今度は強い口調で注意してやめさせた。さらに次の日。人数は減ったが依然としてしゃべる生徒がいた。前日よりさらにきつく叱った。すぐに静かになった。

さすがに四日目は順調に進んだが、終了間際に集中力の切れた数人が話し始めた。「進行を妨げる人は教室から出てもらおうか」と脅すと、一瞬で私語は消えた。

こうして数日かけて改善したが、生徒たちの中には反抗的な態度を取る者も出てきた。「チャイム着席を守らない」という新たな問題も起こった。

この指導は失敗です。私語は解決したものの教師と生徒との関係が崩れ、別の問題まで誘発したからです。二つの点で誤っています。一つ目は注意と叱責だけで指導したこと。二つ目は、私語が減らないのは最初の「穏やかな注意」が悪かったからだと考えたこと。つまり、生徒が従わない理由を力の強弱によるものと捉えたことです。だから、その後は「強い口調」になり、「さらにきつく」し、最後は「脅す」ように叱ってしまいました。こんな過程で教師の指導が入らなくなっていきます。

わたし自身、こうした失敗を繰り返していた頃、指導を見直す契機になった言葉です。

**指導の不成立や学級の荒れには理由があります。私はそれを「根」と呼んでいます。「根」が治れば問題は解決に向かうでしょう。「根」は大きく四つあります。問題が起きたら、「根」を発見し、その後、「根」の改善に取り組むのです。**

## ◈四つの「根」とは

### ①いつも問題の中心になる生徒がいる場合

問題の原因となる特定の生徒がいる場合。その影響力は教師より強く、同調して荒れに加担する生徒が増えます。その生徒が「この先生が言うことなら聞こう」と教師の指導を受け入れるような関係を作りましょう。その生徒がよくなればまわりも同化して学級は落ち着くはずです。

## ②学級にリーダーがいない場合

「やろうよ」「がんばろう」などの学級を前進させる発言が出ない場合です。不正に対して「やめろよ」と誰も制止しないのは、正義の声は学級内で浮き、いじめの標的にされかねないと考えるからです。しかし「よい学級にしたい」と考える生徒は必ずいるはずです。そんな生徒たちにその後の行動のしかたを教え、まず教師と共に、次第に彼らだけで活動できるよう指導していきます。

## ③全体的に無気力な場合

雰囲気が暗く、笑いが少ない。係や当番活動にも意欲が感じられないというような場合です。これを、無気力な生徒が多く集まったからだと合理化せず、彼らの前向きな力が学級で発揮されていない結果だと捉えましょう。内部に閉じ込められたエネルギーは陰湿ないじめに進みかねません。

②のリーダー育成と合わせて、楽しい活動や学校行事をみんなで成功させる経験を積み重ね、「この学級でよかった」という感情を共有させていきます。

## ④保護者に教師への不信感がある場合

保護者が抱く好悪の感情は生徒に反映するので、保護者が教師に不信感を持つと、その子どもである生徒も教師不信に陥り、指導に従わなくなります。逆に保護者が教師に理解を示して協力するようになれば、生徒も教師の指導を受け入れるようになるでしょう。

## ◆根が一つでないときもある

根が一つに特定できない場合があります。たとえば冒頭の朝の会では……。

——最初は「私語をやめよう」と呼びかける生徒もいた。しかしまわりに無視されたり冷笑されたりして次第に声を出さなくなった。教師はこんな状況で何も手を打たなかったのでリーダーたちからも嫌われた。教師への不満を家庭で聞いた保護者も、教師に不信感を抱くようになった——というようにです。

こんなときは保護者からの信頼回復を優先します。そのために教師は過去の指導を反省して今後の指導方針を伝え、その上で問題解決への協力を訴えなくてはいけません。教師自身が変わらなければならないということです。

## ◆まずは根の発見に全力を注ぐ

冒頭の実践例で私語の改善だけを求めたように、問題が起きると教師は「根」よりも現象面にとらわれがちです。私語は消えても「根」が残っていたので、教師への反抗やチャイム着席の不成立という新たな問題が発生したのでしょう。当面は①のような指導で様子を見ながら、まずは「根」の発見を優先すべきだと教えられました。

## 2 「保健室なら登校する生徒」の指導

### ◈保健室なら登校できる生徒がいる

新卒数年目の養護教諭から、保健室運営上の悩みを聞いたことがあります。「保健室登校を許すな。休養のため保健室に来る場合は入室させるな。と一部の教師から責められる」というものです。私も学級担任のとき、「担任が甘いから生徒が保健室に逃避する」と苦情を言われたことがあります。

保健室登校とは、教室には入れないけれども保健室には登校できる生徒のことです。相談室やカウンセラー室ならば行くことができるという生徒もいます。

登校する様子がいかにも辛そうだったので「大丈夫か」と聞くと、「保健室だけは行きたい」と答える生徒もいました。

## ◈なぜ保健室登校をするのか

家本先生と共に保健室の本を編集したとき、なぜ保健室登校をするのだろう、と話し合ったことがあります。

・保健室にいれば嫌な相手と会わなくて済む。トラブルの原因を回避できるから。
・勉強や成績に無関係な場所だから。
・養護教諭が不安な気持ちをやさしく受けとめてくれるから。
・家で過ごすように安心できるから。

こんな私の意見に家本先生は次のようにつけ加えてくれました。

> 本来、疲れた体や傷ついた心を癒やし、次への活力を蓄える空間は家庭でした。「保健室では家と同様に安らげる」と聞きますが、家が安心できる場所ならば、無理をして登校しなくても、そのまま家にいようとするのではないでしょうか。苦しみながらも登校するのには、家庭崩壊や子育てに無関心。あるいは、強制的に登校させるだけの親だったりして家が安心できる場所ではなくなっている。そして、他に行き場もないという理由があるのではないでしょうか。だからやさしさや安心感を求めて保健室に来ると考えられるのです。

もう一つ、「保健室登校という形であっても学校に行きたい。教室には入れないが、せめて保健室という学校の中で教育や友だちを感じたい」という強いこだわりが生徒の中にあるからではないでしょうか。

## ◆中二階《ちゅうにかい》の例えから学ぶこと

続けて家本先生からは、ある精神科医が述べた話として「保健室＝中二階」という考え方を聞きました。中二階とは、一階と二階の間に床を置いた小部屋です。一階が家庭で、二階が学校（＝教室）、中二階が保健室だというのです。

学校という二階に行けない生徒はとりあえず中二階まで行って、そこで二階に上がる準備をする。また、以前は二階にいたが、様々な問題に耐えられず中二階に避難していると見る。中二階は一階から二階への経由地なのだから、そこから追い出してはならないというものでした。

私はこの話を次のように解釈しました。中二階では授業が行われず、したがって成績や評価もない。学校であって、学校でない「半分学校」といえるような場所です。

学校に行きたいけれど、行けない生徒たちにとって、「半分学校」である中二階は、二階に上がる活力を蓄えるにふさわしい場所なのだから締め出してはいけないということです。

## ◈「中二階」の生徒を締め出すな

心的要因による保健室利用を認めないのは、そうした生徒たちを「怠学」と見るからです。だから、その生徒を受け入れ、保健室に来る理由や生活背景を考えるといった共感的な接し方をせず、締め出すことだけを優先しようとします。ただし教職員が心的な要因で病休を取り、休職をしても、「仕事サボり」とは言われません。生徒にはひどく薄情です。

精神心理学上では「怠学」も心身症の症例であり、他の疾病と同列に捉えるべきものです。しかし、その認識が教師間で共有されていないといえるでしょう。

保健室登校は今後も増えると予想されます。しかし、保健室から締め出す現状が続けば、教室に入れない生徒たちは、家に引きこもるか、街を徘徊するくらいしか方法がなくなるでしょう。

保健室登校に対する教師の意識をかえる必要があります。

先の養護教諭は、心理的・情緒的な要因で保健室に来る生徒には相応のケアが必要だと、機会あるたびに職員会議や保護者会で訴えているそうです。また、職員向けに「保健室通信」を発行して保健室のあり方や心の病気への理解を広めているということでした。

中二階の生徒を締め出さない学校にしたい。そのために、生徒に最も近くで接する学級担任こそ、養護教諭と共に一緒に取り組むべきだと思います。

## 3 「きちんと」「しっかり」以外の言葉を使う

### ◆教師の指示が通じない

（シーン1）卒業式や入学式前には生徒全員で式場を整備します。そこで係の教師が「パイプ椅子を倉庫からどんどん運んで並べなさい」と指示をしていました。

みんなまじめに作業をしていましたが、よく見ると彼らの作業は要領が悪く、時間の割に、はかどっていませんでした。

（シーン2）野球部の顧問教師がこんな言葉で守備を教える場面を見ました。

「内野ゴロは、さっと動いてグローブできっちり捕る。そして捕ったボールを一気に一塁に投げなさい」。熱心に指導する教師なのですが、生徒には今一歩伝わっていない様子でした。

（シーン3）数学の研究授業を参観したときです。授業の最後に、「明日は今日の学習内容の小テストをします。しっかり復習しておこう」と教師が次時の予告をしました。小テストの内容をもう少し具体的に伝えてやれば、特に勉強が苦手な生徒は家庭学習がしやすくなるのではないかと思ったものでした。

これらは教師の指示や指導が生徒にうまく伝わらなかった例です。どれも教師の言葉に共通点があります。具体的な中身や手順を教えず、「どんどん」「さっと」「きっちり」「一気に」「しっかり」と抽象的な表現の副詞で伝えていることです。

まわりの教師を注意深く見ると、たとえば「ノートにきちんと書きなさい」とか、「私（担任）が行くまでに日直がちゃんと帰りの会を始めておきなさい」など、副詞で伝える人が多いことに気づきます。そういう私も、掃除時間には「てきぱきやろう」などと言ってきました。

## ◈以前は副詞で伝わっていた

副詞による指示や指導を見直すきっかけは家本先生の次の言葉でした。

**副詞で生徒は動きません。**

ただし、数十年前、私が小中学生の頃、当時の教師たちもこうした副詞を使った言い方を多用していたような気がします。現在と違うのは、副詞で指示されても、子どもだった私たちは教師の意図する行動ができたということです。

たとえば運動会の前日、係の教師から「倉庫からテントを出してちゃんと設置しなさい」と言われれば、自分たちだけで十数個のテントを建てていました。

おそらく、当時の生徒たちは、「ちゃんとAをしなさい」と言われたら、協力して「ちゃんとAをする」方法を知っていたのでしょう。

教師は、今の生徒たちも昔の生徒同様、そんな力を身に付けていると考えて指導しているようです。しかし、「きちんとやれ」と言われても、生徒たちはやる気がないのではなく、「きちんと」の意味と方法がわかっていないので動くことができない、と見るべきではないでしょうか。これからの教師は「きちんと」「ちゃんと」「しっかりと」……の中身とやり方を教えなければならないと思います。

## ◆では、どう言えばよいのか

では冒頭の三つのシーンではどう伝えればよかったのでしょうか。

（シーン1）「椅子を倉庫からどんどん運びなさい」という指示に対して、生徒たちは一人ずつ倉庫に

入り、一〜二脚を取り出してはそれを抱えたまま椅子を置く場所に運んでいました。これでは時間がかかります。⏎

「①倉庫の奥に入って椅子を取り出す係、②その椅子を倉庫奥から出入り口に運ぶ係、③出入り口に溜まった椅子を所定の場所に運ぶ係、④運ばれた椅子を縦横揃えて並べる係。この四つの係に分かれて作業しましょう」

（シーン２）「内野ゴロは、まず、さっと動いてグローブでしっかり捕る。そして捕ったボールを一気に一塁に投げなさい」⏎

「内野ゴロは、まず、ボールが来る位置に素早く移動する。次に腰を落として、グローブを足元の地面に着けて構えながら捕る。ボールをグローブに入れたら、二〜三歩ステップして送球しやすい体勢を作って一塁に投げなさい」

（シーン３）「明日は今日の授業内容の小テストをします。しっかり復習しておこう」⏎

「明日は小テストをします。授業でやった正負の数の足し算・引き算それぞれ五問ずつ出します。今日の問題をもう一度家でやり直しておこう」

# 4 「注意」が成り立つ四段階

## ◆指導＝注意になっていないだろうか

「注意は様々な指導法の一つだが、きみの指導は注意に偏っているようだ。そして、その注意も成功していないと思う」と家本先生から言われたことがあります。新任時代、家本先生から学校の様子を聞かれ、次のように答えたときでした。

職員朝会で、担当教師から学級担任に対して、たとえば「冬になって昼休みに室内でボール遊びをする生徒が目立ちます。静かに過ごすようご指導ください」などの要望が出される。こんなとき、私はすぐに教室に行って「昼休みに教室や廊下でボール遊びをしたことがある人？」と聞き、該当する生徒がいれば、「今後はやめるように！」と注意する。それでもくり返す生徒には、前回より語気を強めて叱り、ボールを取り上げたこともある。

こう話すと、家本先生は「次の観点で注意の仕方を見直してはどうだろうか」と、注意の四段階を教えてくれました。

> **教師の注意は次の四段階で成り立ちます。**
> **一　「良くない行為」だと教師が認識する。**
> **二　教師の認識を生徒たちと共有する。**
> **三　もうくり返さないよう教師が注意する。**
> **四　生徒自身が反省し、改善を決意する。**
> **この四つのどれが欠けても注意が成功したとはいえません。「注意に注意せよ」です。**

## ◆注意の四段階から学ぶこと

この四段階にそって自分の対応を見直し、反省点や教訓を以下にまとめました。

### ①失敗は、「注意だけ」だったこと

私の場合は、一、二がなく、いきなり三の「くりかえさないよう注意する」という対応で、これが失

敗の原因でした。だから、四の「生徒自身が反省し、改善を決意する」まで到達しなかったのです。そして、再度、問題行為がくり返される事態に陥ったのだと思います。

## ②はじめに、行為の善悪を見極めること

「一　良くない行為だと教師が認識する」では「教師が何を良くないと考えるか」ということがまず問われるべきでしょう。

数年前、そんな「行為の善悪」の判断を迫られるような次の事例がありました。

――中三のある女子生徒が、放課後に無人の教室で何かを食べていて、生徒指導部の教師に見つかった。その教師は「担任からも指導を！」と、彼女を職員室に連れて来た。担任が事情を聞くと、彼女は「放課後はそのまま塾へ行き、帰宅が九時過ぎなので、母が作ったおにぎりを食べていた」と話した。担任は話を聞いた後、「事情はわかるが、校内での飲食は校則で禁止されている。今後はだめだよ」と告げて彼女を帰した。

その後、担任が「あんなことをする生徒だとは思わなかった」と隣席の私に話しかけてきたので、「校則は関係ないと思う。事前に担任の許可を得ておけば問題なかったのではないだろうか」と言うと、まわりの教師も意見を述べはじめた。

・叱るほどのことではない。同じケースの生徒には、食事用に教室を提供すべき。

・部活生徒は空腹でもがんばっている。塾だからという理由で許可すべきではない。隠れて食べていたのは本人も悪いと自覚していたからだ。
・特別扱いはダメ。厳しく対応して正解。
と、いろいろな意見が出てきた――。

「おにぎり事件」では教師間の意見が分かれましたが、本来は校則にとらわれない正しい認識を共有したいものです。ちなみに私は次を基準に考えています。

・道徳に反する行為ではないか？
・他者を傷つける行為ではないか？
・自他の健康を損なう行為ではないか？
・みんなで決めたことを破る行為ではないか？

## ◆最重要課題は「認識の共有」

二の認識の共有とは、「先生の言う通り、自分がやったことは良くない行為だった」と生徒が考えることです。これが最重要で、当時の私に欠けていた視点です。

そのためには「良くない理由」を生徒に伝え、納得させなければいけません。

「教師の言うことは正しい」と高圧的な態度で臨まず、生徒が理解するまで、言葉を補い、例を挙げるなどして話す必要があるでしょう。

冒頭の「室内でのボール遊び」でいえば、まわりへの迷惑や危険性を考えず、恣意《しい》的に遊んでいたことの非を理解し、反省させた上で、外遊びを奨励し、室内遊具を認めるように取り組ませるといった見通しが必要だったと思っています。

この後、私自身は「注意に注意する」と共に、「なるべく注意しないで指導する」よう心がけてきました。その契機になった言葉です。

# 5　生徒が教師に求める五つのけじめ

## ◈教師は生徒に「けじめ」を求めている

机上がプリントや筆記用具やタオルなどであふれ、足元には鞄や体操服が散乱している。そんな生徒に、「教室はみんなが生活する場所だ。あなただけのスペースではない。けじめをつけなさい」と言って、片付けさせたことがあります。

また、午後の授業を始めたものの、生徒たちが昼休みの喧騒を引きずった状態で、なかなか集中しなかったときに、「けじめをつけよう！　気持ちを切り替えて！」と注意したこともあります。

このように教師は生徒に対して、時と場面に応じた行為をさせるために、「けじめをつけなさい」と言うことが多いものです。この「けじめ」について、家本先生は次のように話しています。

「けじめ」というと、教師が生徒に求めるものというイメージが強いでしょう。
しかし、生徒たちも教師にけじめをつけてほしいと思っていることがあるはずです。彼らはなかなか言いませんが……。生徒たちの「けじめ」を求める声を教師は理解すべきではないでしょうか。

## ◆生徒が教師に求めるけじめの中身

生徒は、教師にどんなけじめを求めているのでしょう。そう尋ねると、家本先生は「たとえば、教師は『時間を守れ』と生徒に要求するが、教師自身は授業時間を守っているだろうか。『けじめ』とはそういうことだ」と話してくれました。

以下、「生徒が教師に求めるけじめ」をまとめてみましょう。

**①授業時間、特に終了時間のけじめを!**

学校では細かく定められた時程に沿って授業や諸活動が行われます。そして、教師はその時間厳守を強く指導します。何時に登校してもよい。好きな時間に食事をしてよい。授業に遅れて来ても、途中で退出してもよい……。こうなっては、学校が機能しなくなるからです。

一方、教師の時間厳守はどうでしょう。授業を例にとれば、開始時刻から数分後に教室に来て、終了時刻が過ぎても授業を続けるという教師が相当数います。

生徒はこんな教師を「けじめがない」と言います。特に「終了時刻後も授業をする教師」を嫌います。授業終了のベルで勉強から解放され、自由に過ごせるわずかな休み時間を奪われるからです。教師は、開始から終了まで時間通りの授業を心がけるべきです。

**②職員室での飲食にけじめを！**

学校で生徒たちは、勝手に菓子を食べたり、ジュースを飲んだりできません。遠足で彼らが浮かれる理由の一つは、学校生活の中で自由におやつが食べられるという非日常体験ができるからだという話を聞いて納得したものです。ところで教師は？　というと、職員室で菓子を食べたり、コーヒーを飲んだりしている人も多いはずです。教師も飲食を禁止すべきだと声高に主張するわけではありませんが、休み時間や放課後など、生徒が職員室に出入りする時間帯だけでも飲食を控えるよう、職員間で決めるべきではないでしょうか。

**③言葉遣いにけじめを！**

生徒が教師に「ため口」をきき、ぞんざいな言葉で話しかけてきたら、教師は言い直させるはずです。しかし、逆に、生徒に対する教師の言葉遣いが問われるケースは稀です。

「来い！」「急げ」「この野郎」「バカ」……など、聞くに堪えない言葉遣いをする教師を見たことがあります。こうした教師は例外でしょうが、生徒は教師に「丁寧なやさしい言葉で話してほしい」と言葉遣いのけじめを求めているものです。

**④机上の整理整頓にけじめを！**

「机の中やロッカーを整理・整頓しろと先生は注意するが、職員室の自分の机は書類や本で散らかっている」という、生徒の声を聞いたことがあります。整理整頓のけじめが求められています。

**⑤教師の服装にもけじめを！**

「ズボンを下げて『腰パン』にしたり、靴のかかとを踏みつけたりしただけで、注意される。Tシャツや短パン姿で授業をする先生だっているのに」。生徒からこうした「服装のけじめを求める」意見を聞いたこともあります。

こうして列挙すると、生徒が教師に求める「けじめ」は、「自分たちに求めるけじめを、先生たちも守ってほしい」という素朴な要求のように見えます。生徒の声を素直に聞いて、自分の言動を振り返り、良くない点は改めていく。こんな教師の姿勢こそ、彼らが求める「けじめ」に応えることだと思うのです。

# 6　理解をうながす言葉の言い換え

## ◆言い換えの二例

### ①スーパーで見かけた親子

近所のスーパーに行ったときです。幼稚園の制服を着た男の子が、店内を縦横無尽に走り回っていました。近くにいたお母さんは、数回注意していましたが、その子は面白がって言うことを聞きません。とうとうお母さんも走り出し、その子をつかまえて言いました。

「カー君は大きくなったら仮面ライダーになりたいんだよね。正義の味方の仮面ライダーはお店の中で走るかな？」。すると、その子はおとなしくなり、お母さんと手をつないで歩きはじめました。

### ②体操教室のインストラクター

一般の人にバック転を教える体操教室がテレビで紹介されたときです。

インストラクターが受講者に対して、「背中から後方にエビぞりするように、時計の二時の方向に頭から飛び出しましょう」と言って実技指導をしていました。

「エビぞり」「二時の方向」とは、動作のイメージがわく面白い言い方だな、と感心したものです。

前者は、幼い子を納得させながら、行動を改善させています。後者は、体育実技の要点をわかりやすく伝えています。どちらも上手に言葉を言い換えています。

## ◆言葉の言い換えこそ、教師の仕事

じつは、こうした言葉の言い換えを、教師はいろいろな場面で行っています。私がそれを意識するようになったのは、家本先生の次の言葉からです。

> **教えるべき内容を、生徒が理解しやすいように言い換えてあげる。また、「……しなさい」と言っても生徒が動かないときは、生徒のやる気がわくように別の言葉で伝えてみましょう。教師は「Aをさせるために B と言おう」という意識を常に持つべきです。**

これに関連して、先生から、ある小学校の事例を聞いたことがあります。

その小学校では職員会議が行われるときには、廊下に次のように書かれた立て札を置いています。

「職員室では話し合いをしています。どうすればよいでしょう?」

以前は、「会議中です。静かに過ごしましょう！」という、注意を促す内容だったものを、あるときから、子どもに考えさせる内容に変えたといいます。そして、その頃から、教師の言動にも変化が出てきたそうです。

たとえば、廊下を走っていた子どもには「走っちゃだめ！」といった注意から、「あれ？　ここは廊下だよ。いいの？」「先生が手を広げた理由がわかる？」に変わっていきました。

掃除中に遊ぶ子どもを見たら、「さぼるな！」ではなく、「今は何をする時間？」「早く終わったら、どうすればいいんだっけ？」と、相手に考えさせるような言い方の教師が増えていったというのです。

## ◈言い換えを楽しむ教師に

教師は生徒にAをさせようとして、「Aをしなさい」と言うけれど、生徒は思い通りに動かない。こんなとき、「どう伝えたら、生徒が理解し、自分の意志で行動するようになるだろうか」と考え、工夫する教師になりたいものです。

私の例ですが、中学生への群読指導で次のような「言い換え」をしました。

無声音（＝声帯を震わさずに出す声）を紹介する場面があったのですが、そこでは「声帯を震わさずに読もう」とは言いませんでした。これでは言葉の意味が伝わらないと思ったからです。

そこで、「内緒話、ひそひそ話のような声で読もう」と教えたところ、生徒たちはすぐにマスターしました。

また、「生徒を批判する言葉」というテーマで話し合いをしたときのことです。「それは間違っている」「あなたが悪い」と直接的に伝えることもありますが、ときには、生徒が萎縮したり、反発したりすることもあります。生徒を批判し、同時に、反省の気持ちも引き出したい。そのために、

・あなたの考えや行動の意味はわかった。しかし、それでよかったのかな？
・その場面で、あなたは何も感じなかったのかな。
・あなたのあんな態度ははじめて見たよ。
・あなたらしくなかったと思うな。
・あの場面でのあなたの行動だけど、何か足りないね。

……といろいろな言い方によるアプローチを考えたものです。

「Aをしてほしい」と思ったら、「Bをしてみよう」という言葉の言い換えこそ、教師の大切な仕事だと教えられました。

# 7　生徒の異変に気づく「スナップ診断」

## ◆スナップ診断って何？

「始業前の教室に行ったら、いつも快活な男子が一人でぽつんとしていたので、『元気ないね。眠いの？』と聞くと、その生徒が無言で教室から出ていったんです」

そう話すと、家本先生から、「スナップ診断だね」と言われたことがあります。初めて聞く言葉だったので、どういう意味か尋ねると、次のように教えてくれました。

> スナップ診断とは、もともと医学用語で、医師が患者の顔色や動作などから病気やその原因を類推すること。これは教師も身に付けておきたい技術です。
> 「Aが暗い顔をしている。疲れているのか。悩みや心配事があるのだろうか」
> このように教師は日常的に生徒たちをスナップ診断し、そこで把握した課題に素早く対応できるようにしたいものです。スナップ診断は生徒を捉える重要な感覚です。

私のことですが、先日、長女の家に宿泊した際、医師をしている娘婿が深夜に帰宅して、子どもの寝顔から「熱があるみたい」と言い当てたのもスナップ診断だったのでしょう。

## ◈教師は生徒の何をどうスナップ診断するか

以下、スナップ診断の要点を整理してみます。

**①いつ、どこで、スナップ診断をするか**

始業前、授業中、休み時間、掃除時間……というように、生徒たちが登校してから下校するまで、彼らと接するすべての時間と場所でスナップ診断をします。ただし、一日中、生徒を観察しておくべきだというのではありません。彼らと接して、「何か変だな」と感じることがあれば、すぐ対応できるように、無意識のうちにも生徒の変化を見逃さないようにしようということです。

**②スナップ診断では、何を見るか**

一般的に、生徒を次のような視点で見ていきます。

**ⓐ表情**　子どもの感情は顔の表情に出やすいものです。「悲しそう」「怒っているようだ」など、表情

からその子の心にある葛藤を推測します。

ⓑ**顔色**　青白く見えたり、極端に顔が紅潮していたりなど、いつもの顔色と違うときは、体調不良ではないかと見て、声をかけることになるでしょう。

ⓒ**目**　嘘をついていたり、隠し事があったりすると、視線の定まらない、キョロキョロした目になりやすいものです。また、教師から目を逸らそうとする生徒も気になります。

ⓓ**動作**　急いで物を隠そうとする、不自然にその場から離れようとするなど、いつもとは違った動作をする生徒がいたら、「何かあるのかな」と考えてみます。

ⓔ**性格や行動**　「最近、荒っぽい行動が目立つ」「笑わなくなった」「やけに、はしゃぐことが多い」など、性格や行動面で、以前とは変わったなと感じさせる生徒がいたら、心の葛藤が行動に出ているのではないかと見て、要因を調べてみます。

ⓕ**髪型・服装などの見た目**　茶髪にしたり、異装をしたり……。長期休みの後など、ある時期から見た目が急激に変化する生徒がいます。こんなケースでは、「見た目の改善」だけでなく、生徒が変化した要因やその解決の手立てを考えていきます。

## ◈知っておきたい二つの留意点

スナップ診断は、教師が身に付けたい基本的な技術ですが、そこでは、次の二点を常に押さえておきたいものです。

ⓐ感覚に頼った技術であることを自覚するスナップ診断は、あくまで教師の「勘」や「経験」に頼った捉え方なので、独断は危険です。生徒を見て気になる点があれば、保護者やまわりの教師に伝え、相談して、その後の対応を考えるようにします。

ⓑ変化に気づいた後の対応こそ重要

たとえば、幼稚園児や小学校低学年の子どもに見られる事例ですが、爪を噛む癖のある子がいたとき、「何らかの欲求不満による退行現象ではないか」と見る教師は、家庭環境や友人関係など、その原因を探るでしょう。

一方「不衛生で、見た目も悪い」と見る教師は、爪噛みをやめるよう注意し、それが治れば解決したと考えるはずです。このように、現象面の改善だけをめざすのでは意味がありません。スナップ診断後の対応こそ重要で、診断はそのスタートだということです。

# 8　茶髪や異装には複眼的指導で

## ◆身なりの指導で追い込まれる教師

頭髪や身なりについての校則徹底を優先する学校では、学級担任がそうした指導の最前線に立たされがちです。私もかつてそんな学校に転勤し、茶髪と異装をくり返すAという生徒を担任したことがあります。生徒指導部からは担任としてAの改善を求められましたが、新学期直後で互いの信頼関係もできていない状態では、注意しても説得してもうまくいきませんでした。

まわりの教師から「Aを早く何とかしてほしい」と言われることもあり、そのたびに「Aを転勤してきたばかりの私に押しつけたくせに」とか「Aがいない学級は楽だろうな」と考えては、「特定の生徒を排除して、教師といえるのか」と自分を戒めたものです。

ちょうどこの時期に、家本先生の次の言葉に出会いました。

**教師には複眼的指導が必要なのです。**

以下、「複眼的指導」の意味をまとめました。

## ◆複眼的指導って何？

### ①校則を複眼的に捉えて分類する

校則は生徒たちが規律ある学校生活を送るための規則ですが、それらは内容面から二つに分類されます。

ⓐルールとしての校則

「靴下の色は白のみ」「髪の毛は染めない」など、その学校だけで適用される普遍性のない規則です。

ⓑモラルとしての校則

「人の生命や身体を傷つけてはいない」「人の物を盗ってはいけない」など、共同生活をする上で守るべき普遍な道徳で、学校生活に関する部分についてわかりやすい言葉で書かれています。

校則を「ルール」と「モラル」の観点で複眼的に捉え、「ルール」を絶対視しないように気をつけて指導すべきでしょう。

**②守る生徒・違反する生徒を複眼的に見る**

校則に従う生徒、違反する生徒で分け隔てせず、両者を複眼的に見て、共に大切な存在として受け入れます。頭髪や身なり面の校則に違反していても、法律やモラルに違反しない限り、それらを尊重するのが学級担任の務めだということです。

**③身なりについて複眼的に指導する**

②で「法律やモラルに違反しない限り、尊重すべき」と述べましたが、では茶髪や異装の生徒を指導しなくてよいのかとなると、そうもいきません。

茶髪や異装の生徒がいると、他の生徒にも影響し、学校の評判も下がり、保護者や地域や教育委員会から「教師は何をしている」と責められることもあります。こうした情勢を考えると、校則でそれらを禁止する理由も理解できます。

したがって頭髪や身なりの指導では、「力づくで守らせる」でも「何もしない」でもなく、両方を複眼的に取り入れた指導が必要だと思うのです。では、そんな指導とはどのようなものでしょうか。

## ◆茶髪や異装の生徒に対する複眼的指導

「茶髪や異装より大切なことがあなたのまわりにあるんじゃないか。外見にとらわれるな」と諭し、

「わかった。先生の言う通りだ」と納得すれば、自分の意志で改善させ、拒否すれば次のように伝えます。「あなたが茶髪や異装を続けたい気持ちはわかった。でも、学校としては認めることはできない」と、前項③の理由を述べ、さらに続けます。

「だから、あなたには次々と圧力がかかる。担任が指導してだめなら、生徒指導部、次は教頭、校長先生が説教し、次は保護者を呼んで注意することになるだろう。また、元に戻るまで、別室で勉強させることになるかもしれない。過去、卒業式に出させない例もあった。あなたを脅すつもりはない。しかし、現実はこうして次々に、災難が降りかかると知っておくべきだ。それでも茶髪や異装を変えないのか」

こう話して、元に戻す生徒もいるし、それでも頑《かたく》なに拒否する生徒もいます。後者の場合は、「あなたの覚悟はわかった。そこまで言うなら茶髪や異装を貫けばいい。私は心の中で応援する」と励まし、その上で、「茶髪や異装は続けるが、(ア)授業はまじめに受ける。(イ)掃除や係活動もまじめにやる……」などの決意を本人に書かせます。なお、こうした教師の方針や生徒の反応はまわりの教師にも伝えておきます。

このようなアプローチを家本先生と一緒に考えたことがあります。

茶髪や異装を「悪」と決めつけ、強制的に改善させるのでなく、頑なに外見にこだわる生徒の気持ちを心情的に応援しつつ、それ以外の部分で、まじめな学校生活を促すということです。

# 9　モデリングは最高の教授法

## ◆モデリングは教師が模範を示すこと

音楽で合唱の授業を参観したときです。「最後の声を伸ばすところの音程が、みんなはだんだん下がっていますよ」と言って、教師が生徒たちの歌い方を真似したことがありました。教師が真面目な顔で彼らの歌い方を再現したので、みんな大笑いしました。その後、「ここはこんなふうに最後まで音を下げずに伸ばしましょう」と正しく歌いました。

こうした指導法が「モデリング」です。後に家本先生から聞いた言葉です。

**生徒が間違えることやできないことを責めるのではなく、どうすればできるようになるかを教えるのが教師の役目です。その教え方の一つに、教師が実際にやって模範を示す「モデリング」があります。モデリングは最高の指導法です。生徒にしてみれば、手本となることを実際に見て学ぶことができるからです。**

説明するより完成形を見せる方が当然伝わりやすいはずです。その意味で「最高の指導法」だと述べているのでしょう。

## ◆生徒を手本にするモデリングもある

ある教師が生徒たちに教科書を黙読させていたとき、「伊藤さんと松岡さんは椅子に深く座って背筋がピンと伸び、本からも目を離して、いい姿勢ですね！」と小さい声で言ったことがあります。すぐに全員が姿勢を正しました。

「みんな目が本に近づき過ぎ！」とか「だらしなく座っている人が多いよ」などと否定的な言葉を使わずに、生徒の姿勢を改善することができました。

これは教師ではなく生徒を模範にしたモデリングです。有効な指導ですが、注意することがあります。特定の生徒だけを模範として取り上げないことです。

「先生がひいきしている」と見られ、トラブルの原因になりやすいからです。

## ◆マイナス面のモデリングの留意点

本来のモデリングは成功の実例を示すことです。しかし、ときには失敗や間違いなどのマイナス面を示すモデリングもあってよいでしょう。生徒たちに修正すべき点を客観視させるためです。

たとえば、冒頭で挙げた音楽教師は、生徒たちが合唱でつまずいた部分を真似して歌いました。それにより、彼らは自分たちの歌声が微妙にずれていることを理解できました。

ただし、マイナス面のモデリングでは次の二点を留意すべきでしょう。

一つ目は多用しないこと。やり過ぎると教師が生徒の失敗をからかっているように写り、生徒が教師に反発したり意欲をなくしたりして、教師のねらいとは逆の効果になりかねないからです。

二つ目は、特定の生徒の失敗をモデリングしないことです。先の音楽教師のように、「全体的にここが変だよ」と、あくまでも集団の失敗を取り上げます。

この二点をふまえれば、マイナス面のモデリングも有効な指導になるでしょう。

## ◈授業以外にも日常的にモデリングを

教師は授業でよくモデリングをします。たとえば、国語の教師が教材の文章を範読して生徒たちに手本を示すことがあります。体育で鉄棒の蹴上がりを教えるとき、最初に模範演技として実演した教師もいます。理科の教師はその時間に行う実験器具の使い方を実際に操作しながら教えていました。

このように授業では多用されるモデリングですが日常の場面ではほとんど見かけません。これは私の反省点でもあります。

たとえば掃除中。箒《ほうき》を振り回すようにして床を掃く生徒がいても、「あなたのやり方はゴミや埃を巻き上げているだけです。丁寧にやりなさい」と注意して終わっていました。しかし、ここは「箒は跳ね上げず、最後を止めるように掃くんだよ」と教師がやってみせるところでした。

また、以前、生徒たちが雑巾で机を拭いていたとき、全員一面だけで拭いて洗い直していたことがありました。当時は何も注意はしませんでしたが、今なら「雑巾を二つ折りにして、それぞれの表裏計四面で拭いて、その後洗いましょう」と実際に拭いてみせるでしょう。

掃除以外にも、たとえば、ハサミの刃を相手側に向けて手渡す生徒には「尖った方を自分側にしようね」とやってみせる。掲示物を貼るとき、画鋲の面が壁に密着するまで押し刺す生徒には、「それだと貼り替えの時、画鋲が外しにくいよね」と、画鋲を斜めに刺して画鋲面のヘリと針の二点で押さえるように貼ってみせる。昼食時間であれば、箸の持ち方や食事の作法を「こうやるんだよ」と教える。……

このように学校生活の中にはモデリングの場面がたくさんありそうです。

# 10　教師の「やめろ」が成立する四条件

## ◈教師によって態度を変える生徒たち

全校集会のために生徒たちが体育館に集まったときです。集会の開始まで数分間あったので、彼らは好き勝手に騒々しく過ごしていました。

そのとき、ある教師がステージに登り「私語をやめなさい」と一括したのです。すると、すぐに体育館中が静かになり、その後は自分たちで整列を始めました。その教師の指導力に感嘆しました。他の教師が「静かに！」と注意しても同じ結果になるとは限らないからです。一時的には静まるもののすぐに元の喧噪に戻ることもあれば、教師の声が最初から無視されることもあるでしょう。

生徒の良くない行動を「やめろ」と制止しても、教師によって彼らが従う場合と従わない場合があるということです。私はどちらかというと後者でした。

そんな話をしていたとき、家本先生から「教師の『やめろ！』の声が成立する条件がある」と、次の話を聞きました。

生徒の誤った行為を制止させるときは、暴力や罰ではなく指導として成立させたいものです。

生徒が教師の「やめろ」の声に素直に従うのはどんなときでしょうか。生徒の気持ちになって考えてみましょう。

①教師の言葉に力がある　②制止する内容が正しい
③過去の正しい指導の実績がある　④教師が好かれ信頼されている

これらの条件が複合的に満たされたとき、教師の制止が成り立つといえるでしょう。

## ◆「教師の言葉に力がある」とは？

教師の「やめろ」が成立する四条件が簡潔にまとめられています。また、「指導として成立させたい」という一文があります。これは、有無を言わせず強引に制止するのではなく、生徒が納得し、「やめよう」と自発的に動くような指導をめざそうということでしょう。ただし、①の「教師の言葉に力がある」は、やや曖昧な表現です。どういう意味でしょうか。私は二つの捉え方をしています。

## ◈「恐れ」と「畏れ」

「教師の言葉に力がある」＝「生徒が教師をおそれている」だと考えています。ただし、ここでの「おそれ」には二つの意味があります。

一つは、教師の言うことを聞かなければ怒鳴られる、罰を受ける、「親に言うぞ」と弱みを突かれる、力ずくでやめさせられる、もしかしたら叩かれるなどの精神的・肉体的苦痛を受ける「恐れ」です。教師に従わないと恐ろしいからやめます。しかし、恐ろしいと思わなくなれば教師の言葉は通用しません。逆に対教師暴力など強く反発するかもしれません。

「恐れ」を背景にした制止はいずれ失敗するということです。

第二の「おそれ」は、「畏敬の念」とも言うべき教師への「畏れ」です。

以前、「A先生の言うことなら素直に従おうという気持ちになる」と話す生徒がいました。その生徒からはA先生を信頼する気持ちが伝わってきました。日頃から教師が②③④の条件に沿った指導を積み重ねているからこそ、こういう気持ちが生まれるのでしょう。生徒は信頼し尊敬する教師の言葉に強い影響を受けます。「言葉に力がある」の本来の意味が「教師を畏れている」だと考える所以《ゆえん》です。

## ◆強く伝わる言い方か

遠足で生徒たちを引率し、交通量の多い山間の車道を通っていたときです。そこには段差付きの歩道がなく、道の両端に白線が引かれているだけだったので、縦一列で歩行するよう事前に指導していました。しかし、何人かのグループがふざけて横に広がろうとしたときでした。

「そこの三人、車道に出ちゃダメ！　すぐ一列に戻りさい。みんなも絶対に横に広がらないこと。わかったね」と注意する声が聞えました。

その後は、一〇〇メートル程のその区間を全員が一列で整然と歩きました。

先ほどの声の主は若い女性教師でした。いつも落ち着いた小さな声で話すことの多い教師でしたが、あの場面では遠足の一団が振り返るほどの迫力ある声でした。遠足後、「後方から次々に車が来てたからつい大声を出しちゃいました」とその教師は笑っていました。生徒の生命や人権に関わる重大な場面では、全員の動きを瞬時に制止させる力が教師には必要だと学んだものです。

「教師の言葉に力がある」の二つ目の意味は、このような「相手に強く伝わる言い方」だと考えています。

自分の指導が①～④を満たすものであるかを点検し、生徒が素直に従う制止の技術を身に付けたいものです。

# 第5章

# 「共育」の輪をつくる8の発想

# 1　改めたい保護者への四つの態度

## ◈保護者に不満を持つ教師

ある教師がこぼしていました。「みんな同じように指導しているのに、『先生はうちの子だけを叱る』と、自分の子どもの言うことを鵜呑みにして一方的に苦情を言う親がいる」と言うのです。それに呼応するように、別の教師が「保護者の間で『あの先生の授業はグループの活動が多くて説明が少ない。あんな進め方では、来年の受験が不安』と話す人がいる。教師側の意図をわかろうとしない保護者がいて困る」と続けました。

どちらも学年部会で同僚から聞いた言葉です。その口調から保護者への強い不満が伝わってきました。たしかに、保護者の中には、教師の考えを聞こうとせず一方的にクレームを付けたり、子どもの前で教師を批判したりして、教師を困惑させる人がいます。

そういう保護者には大きく二つの傾向があります。

一つ目は学校での出来事をわが子にとって都合のいいように考えてしまう傾向です。教師の意見よりも子どもの発言を優先する考え方です。

二つ目は、「成績が伸びないのは教師の指導に問題があるからだ」というように、自分の子どものマイナス面は教師のせいだとする傾向です。しかも、それらを攻撃的な口調や態度で表現する人もいます。

## ◈教師も自分を見直すべきではないか

同僚の愚痴を聞きながら、どうしたものだろうかと考えていました。「子どもを健やかに賢く育てる」という目標は同じなのに、互いに相手を責めていては何も好転しないからです。

ときに、保護者に対して腹立たしく感じるトラブルがあっても、まずは一呼吸おくこと。その後で、そうした保護者の言動を招いた原因が教師になかったかを反省すべきではないでしょうか。こんなとき、教師の態度に関する家本先生の言葉は、教師が自らを振り返るときの大切な視点です。

保護者の態度を批判する教師がいます。これは相手も同じで、「教師が我々の期待する教育をしてくれない」と考える保護者も多いはず。お互いさまです。両者が仲良くなり率直に話し合える関係づくりが先決です。まずは教師が保護者に対して、①専門家的態度、②独善的態度、③権力的態度、で接してこなかったか、問い直すことが大切ではないでしょうか。

## ◆保護者との溝を深める四つの態度

### ①専門家的態度

教師は教育の専門家なのだから子どもの教育は教師に任せておくべきで、保護者は授業や学級経営、生徒指導にあれこれ口出しせずに、教師の指導に黙ってついてくればいいんだという態度です。

### ②独善的態度

教師は子どものために仕事をしている。子どもにとってプラスとなるように指導している。したがって、保護者が教師のやっていることに協力するのは当然だとする自己中心的な態度です。

### ③権力的態度

話し言葉の語尾を上げて「教えてやっている」と相手を見下すように、いかにも偉そうに話す人がいます。過去の同僚の中には、「指導に従わないとどうなるか知りませんよ」という強迫的態度をとる教師もいました。こうした、いばった態度です。

戒めたい教師の態度として、もう一つ、次をつけ加えてもよいでしょう。

**④追従的態度**

トラブルを避けたいという気持ちから、授業や学級経営に関する保護者の指摘や要求を、すべて受け入れてしまう態度です。保護者と意見が合わないときは、子どものために率直に話し合うべきで、何でも安易に取り入れるのは教師として無責任であり、結局は保護者を軽く見ていることになります。

教師がこれら四つのような態度で接している限り、保護者からの信頼を得ることはできません。無意識にこうした態度に陥っていないか、教師は自らを問い直すべきだと思います。その上で、保護者と自由に意見交換できる対等な協力関係を作って、教育を進めたいものです。

# 2　担任を「良い者」役にする教師集団を

## ◈問題を起こした女子を学年教師で指導

教師間の意見の対立は生徒に見せない方がよいといわれます。これは原則です。しかし、例外的にそうした分裂をあえて示す指導があってもよいのではないでしょうか。そう考えるきっかけになったのが、家本先生の現職時代の二つの実践です。

家出をして性の問題を起こしたAという女子生徒を複数の学年教師で指導したときです。最初に一人の教師が「バカなことをして」と叱ったのですが、途端にAはふてくされて黙り込んでしまいました。そこで担任が「Aさんはお母さんを亡くした寂しさから家出をした。私はこの子の気持ちがわかる。頭ごなしに叱らないでほしい」と庇《かば》いました。するとすぐに別の教師から「僕も中学時代に親と死別したから辛さはわかるが、僕は残った家族のために耐えた。Aさんには小さい妹がいるのに自分勝手だ」と反撃されたのです。

その後、次々と意見が出ました。

「Ａさんはお母さんの死に直面して気が動転し、自暴自棄になったのだと思う」「では、親が亡くなり、気が動転した子は家出行為も許されるというのか」「家出中に知り合った男子が丁寧に話を聞き、やさしく接してくれたから、Ａさんの悲しさや心細さが癒やされ、そんな流れのなかで性行為につながったと思う」「理由次第で性行為を認めるのか」……。

Ａは途中から顔を上げ、教師間のやりとりを聞いています。そして、議論が「Ａさんの心情は察するが、やった行為は悪い。しっかり反省し、強い気持ちで立ち直ってほしい」という結論にまとまりかけたとき、しばらく黙っていた担任が、「強い気持ちで、などと簡単に言わないでほしい。Ａさんの父親も入院中だし、この子はまだ子どもなんですよ」と訴えたのです。

すかさず、「そうやって担任が甘やかすからＡさんが立ち直らないのです」と反論され、「でも……」と、担任が食いさがろうとしたときでした。

Ａが「もうやめてください。私がバカでした。自分のことしか考えずに……」と反省と決意を語り始めたのです。その後、Ａは担任の指導を素直に聞き、生活も落ち着きを取り戻していきました。

こうした複数での指導について、家本先生は次のように述べています。

> **私たちは問題によって、演技として、教師集団の不一致を生徒の前にさらけ出す指導をすることがあります。そこで「良い者」「悪い者」の役割分担をするときは、担任を常に「良い者」**

役にするのです。担任や、指導が入りにくい弱い立場にいる教師の指導が成立することこそ優先されるべきだと考えるからです。

## ◈弱い立場の教師を励まし、支えた実践例

新任のK先生は生徒とうまく交われずにいました。たとえば、遠足に行き、生徒から誘われても一緒に遊んだり食べたりせず、遠くから見ているという状態だったのです。また、小さく抑揚のない話し方だったので、授業の声が聞き取れないと苦情も続出し、次第にK先生を軽く見て、反抗する生徒も増えていきました。

同僚教師も教科指導や生徒との関わり方、発声法などを助言し、彼もそれを素直に聞いて努力を始めましたが、生徒の態度は簡単には変わりません。

そんなとき来学期の修学旅行について学年集会が開かれました。内容は見学コースと小遣いについての説明です。集会も後半になり、学年主任が「修学旅行の小遣いは上限を三千円にします」と発表しました。不満の声を漏らす生徒も多数いましたが、主任は「修学旅行は学習の一環であり高額な小遣いは不要です。三千円でいいですね」と押し切ろうとしました。その瞬間、K先生が手を挙げ発言を始めたのです。

「買い物や家族への土産など、計画的なお金の遣い方を経験することも旅行での大切な学習です。そして、小遣いの金額も教師が決めるのではなく、生徒や保護者の意見も参考にすべきです。生徒は非常識な高額を希望しないでしょう……」

当初、K先生を冷ややかに見ていた生徒たちでしたが、途中から頷くようにして聞き、発言後は拍手をおくり、なかには近寄って握手を求める生徒までいました。

小遣いはK先生の提案が賛成多数で支持され、再検討されることになりました。この集会以降、K先生への生徒の態度は好転し、指導上の課題が徐々に改善されるきっかけになりました。

実は、この集会はK先生を含む学年教師で役割と台詞を決め、練習して臨んだ芝居だったのです。集会後は成功を喜び合ったそうです。新任のK先生をまわりがサポートした、教師集団の理想を示す実践だといえるでしょう。

## 3　親に見せたくなる所見の書き方

### ◆「悪い点をはっきりと書くように」と指摘する管理職

通知表の「生活面の所見」で苦労したことがあります。たとえば所見欄に、「明るく活発なお子さんです。ただ、保護者面談でお伝えしたように、生活行動面でルーズなところが見られますので、今後、改善を心がけてほしいと思います」と書いていると、管理職から「遅刻や服装違反など、悪い点をはっきりと具体的に書いてください」と指摘されるのです。

当時の勤務校が「生徒の問題点はすべて保護者に伝え、家庭との連携を重視しよう」という方針だったからでしょう。

しぶしぶ所見を書き直しながらも、「生徒の悪い点をあからさまに書くことがそんなによいことか。その生徒の意欲を削ぐだけではないか」という思いが消えませんでした。そんな近況を家本先生に話したときに聞いた言葉です。

通知表は保護者宛ての書類ですが、最初は生徒が読みます。そのとき「早く親に見せたい」と思うか、「親に見せたくない」と思うかは、大事な分かれ道になります。成績は悪くても書き換えられないが、所見くらいは良い面を取り上げたいものです。

私は所見に否定的なことを書かないようにしていました。では否定面を知らせないのか。そこは、「親に読ませたくなる所見」を念頭に、工夫して伝えるのです。

## ◆親に読ませたくなる所見とは

家本先生から学んだ所見の意義や書き方の要点を整理してみましょう。

**①必ず良いところを書く**

学習成績と生活面の所見。この両方が優秀な生徒は喜び勇んで、親に通知表を見せようとするでしょう。また、成績が悪くても、所見に良いことが書いてあれば救われるものです。最悪はどちらも悪い場合です。生徒は落胆し、教師や学校が嫌いになるかもしれません。むろん、親に見せたいとも思わないでしょう。

## ②決まり文句は響かない

「明るく素直な性格です」「まじめに努力しています」「さらなる向上を期待します」……これらは、過去、所見で私がよく使ってきた言葉です。端的に意味が伝わる便利な決まり文句だと思っていました。しかし、家本先生から「事務的で形式的なほめ言葉は生徒に響かないから書かない方がよい」と言われて以来、違う表現を心がけてきました。

## ③事実に即して具体的にほめる

決まり文句を使わないとすれば、どう書けばよいのでしょう。それは事実に即してほめるということです。たとえば「体育祭では実行委員として活躍した」という文章であれば、「体育祭ではクラスの実行委員としてムカデ競争の練習参加を呼びかけました。率先して道具の準備や後片付けを行い、練習中も大声でみんなを激励するなど最後まで立派にやり遂げました」と具体的な内容に触れて書きます。長文にはなりますが、生徒の姿が鮮明に思い浮かぶでしょう。

## ④悪い面もほめ言葉に含める

「所見に生徒の悪い面も書くべきだ」という意見からは、「良い面だけ書くのは相手に嫌われたくないという気持ちがあるからだ。悪い面もきちんと伝えて反省を促すべきだ」という本音が感じられます。

だからといって、「粗暴な言動で、級友から嫌われている」「正当化するために嘘をつくことが多い」などと書くことはできないでしょう。

ではどう伝えるか。家本先生は二つの手立てを示されました。

一つは、問題が起きたときやＰＴＡなどの機会に口頭で伝えておくことです。

二つ目は「ほめ言葉に含める」方法です。どんな書き方なのでしょうか。私は次のように捉えています。たとえば「遅刻や異装が目立つ」場合は、「四～五月は多かった遅刻も進路面談後は少なくなりました。また合唱祭では、みんなで約束したとおり、きちんとした服装で真剣に歌いました。その後は、共に金賞を喜び合っていました。最近は、異装で注意される場面も減ってきました。生活態度を改めようという意思が強く感じられます。（後略）」といった感じです。

なお、改善傾向が見られない場合も「遅刻や早退がなく、一日穏やかに過ごす日が増えました」「給食当番をメンバーと協力してまじめにやり遂げました」「道徳の授業でユニークな感想を発表しました」「男女関係なく級友にやさしく接するのでみんなから好かれています」などと肯定面を書き、そのうえで、たとえば異装といった直すべき課題を伝えます。

所見にマイナス面が書かれていても、素直に受けとめ、反省し、改善しようと思う。「ほめ言葉に含める」とはこうした書き方でしょう。そして、通知表を手にした生徒が、早く見せたいと思う。そんな所見を書きたいものです。

# 4　授業も生徒指導も「みんな同じ」は危険

## ◆強引に意見を一つにした授業

いじめを教材化した道徳の授業を参観したときでした。授業が後半に入ったとき、一人の生徒が「いじめられる側にも原因がある。いじめる人の気持ちもわかる」と発言したのです。いじめを容認する発言に教師は戸惑っているようでした。しかし、すぐに教師の気持ちを察したように数人が反対意見を述べました。どれも責め立てるような口調でした。結局、いじめ容認だった生徒は反対意見に押されるようにして簡単に発言を取り下げてしまいました。

最後に教師が「みんなの共通した考えが見えたね」と言って、「どんな場合でもいじめをしない、させない、許さない」と板書して授業を締めくくりました。

多くの意見が出て、生徒たちも深く考えた良い授業でした。ただ、いじめ容認の意見を一方的に批判して発言を撤回させ、全体の意見を一本化した、そのまとめ方は強引過ぎたように思えました。

全員が「いじめは絶対に良くない」と考えれば問題はなかったのですが、異論や反対意見が出たらそれも丁寧に取り上げるべきだったと思うからです。

具体的には、その生徒に「いじめられる側のどこに原因があると思うの？」とか「いじめてもよい理由とは何かな？」などと聞き、その返答を聞いた上で、「みんなはどう思う？」とまわりの意見を求めるべきだったのではないでしょうか。途中で授業時間が終わってしまったら、次回に継続してもよかったでしょう。

## ◈「みんな同じ」を求める学校

学校は「みんな同じ」を求めがちです。

「みんなまじめに掃除してるじゃない」「他の生徒はみんな校則を守っているよ」「遅刻したのはあなただけです」「あなた以外はみんな集中しているぞ」。多くの教師がこんな言葉で生徒を注意したり、叱ったりしています。私もそんな言い方をしていた時期があります。叱りながら、「みんなと同じようにできないのはあなたがサボっているからだ」とか「一人だけ違う行動をするのは許さない」という気持ちになっていました。

「学校ではすべての活動においてみんな同じであるべきだ」と思っていたのです。しかし、家本先生の論文をきっかけにして、そんな考え方に疑問を感じるようになりました。

教育には次の四つがあります。
①みんな同じでなければならない　②みんな同じであってほしい
③みんな同じでなくてもよい　④みんな同じであってほしくない
しかし、学校ではこれらが教育原理として整理されていません。常に①や②の「みんな同じ」が要求され、同じでないと「悪い生徒」「ダメな生徒」とされてしまいます。「みんな同じ」を問い直さなければいけません。

## ◈「みんな同じ」にもいろいろある

①〜④の分類を少し考えてみましょう。

登校時間や授業時間などの日課や教育課程に基づいた時間割などは「①みんな同じでなければならない」です。

人を傷つけない、時間を守る、公共物を大切にする、などのモラル。また、授業や部活などを通して、生徒が自分の力を伸ばしてほしいといった教師の願いなどは「②みんな同じであってほしい」でしょう。

次に、授業や学活で生徒から意見や感想を求める場合はどうでしょうか。冒頭の道徳のように「いじめは許されない」という考えは「②みんな同じであってほしい」ことなのですが、原則的には「③みんな同じでなくてもよい」です。

将来の夢などは「④みんな同じであってほしくない」といえるでしょう。

## ◈校則はいつでも「みんな同じ」

校則は基本的には「②みんな同じであってほしい」として指導すべきです。しかし、学校によっては、髪型や衣服などの身なりに関する校則を「①みんな同じでなければならない」として、親を呼び出したり、進路面で不利になる情報をちらつかせたりして強制的に守らせようとします。

本来、校則は道徳的にも生徒の健康安全面からも正しいものでなければなりません。ところが、学校によっては「腰パン禁止」「靴下は白」「スカート丈は膝が見えてはいけない」「眉剃り禁止」「男子はツーブロック禁止・女子はポニーテール禁止」といった合理的な説明ができない校則が「みんな同じでなければならない」ものとして強制されています。

それぞれの学校で、校則だけでなくすべての教育活動が「みんな同じ」の①～④のどれにあたるかを再検討し、教師間で共通理解にしておく必要があります。

## 5　次回も参加したくなるＰＴＡの開き方

### ◆学級ＰＴＡが苦手な教師は多い

いつもは快活な教師が「ＰＴＡは気が重い」と嘆いていました。「保護者の前だと緊張して、つい早口で話し続けてしまう。保護者は静かに聞いてくれるが、その重苦しい雰囲気が嫌だ」と言うのです。このように学級ＰＴＡが苦手だという教師は多いものです。学級ＰＴＡについて、家本先生は次のように話しています。

授業参観には行っても、その後の学級ＰＴＡは参加しない人は多いものです。保護者も多忙だから、「せめて授業参観だけでも」と思うのでしょうが、それだけではありません。「教師から、遅刻が多い。服装がだらしない。家庭でちゃんとしつけてほしいと毎回言われる」という声をよく聞きます。子どもの否定面ばかり聞かされると保護者の気持ちはますます離れていきます。気楽に話し合えて、役に立つ情報も得られる。保護者が次回も行きたいと思う学級ＰＴＡをつくるのです。

## ◆学級ＰＴＡの実践例

学級ＰＴＡを成功させる要点を、私は次のように考えています。

・生徒の様子を具体的に話す　・生徒の良い点を必ず伝える
・「責める」ではなく「お願い」する　・保護者も運営に参加する
・文化活動で和やかな雰囲気を作る　・テーマにそった意見交換の場を作る

以下は学級ＰＴＡの実践例です。当時は、年間五回のＰＴＡが計画されていたので、年度始めに担任の構想を役員（保護者）に話して賛同を得た上で、役割分担や進め方について相談しました。

**■四月三〇日　二年二組学級ＰＴＡ**

司会（会計　西さん）
①開会の言葉（委員長　小林さん）　②自己紹介
③文化活動　～みんなで群読～　④話し合い　ⓐ先生から　ⓑ質問・意見・要望
⑤フリートーク　⑥閉会の言葉（副委員長　坂本さん）

**①開会の言葉**

「学級委員の小林です。初めての役員で緊張しています。今日は先生から子どもたちの様子や年間計画などをお聞きして、有意義な話し合いができたらと思います」と委員長の挨拶で始まりました。

**②自己紹介**

司会も保護者が担当しました。

「次は自己紹介です。今日はお名前だけでなく、好きな食べ物も言っていただけますか。では私から始めます。西翔太の母の西有美です。好きな食べ物はパスタで、いつも食べ過ぎて後悔しています。次は先生。その後、順番にお願いします」

保護者の負担になることは避けるべきですが、この程度なら許されるでしょう。

**③文化活動〜みんなで群読〜**

家本先生からは「合唱や遊びから始めるのもよい」と助言されました。しかし、それらは私にとってハードルの高いものでした。そこで群読をしたのですが、これが意外と盛り上がったのです。「歌う」「遊ぶ」より「読む」方が私には取り組みやすい文化活動でした。

**④話し合い**

ここは生徒の姿が思い浮かぶような話し方を心がけました。

「活発な生徒が多く、授業中もよく手が挙がります。一時期、元気が良過ぎて、騒々しくなることもありましたが、今は私語をする生徒にはまわりが『しーっ』と声をかけ、全員が相手の話を集中して聞くようになっています」

時には生徒たちの美術作品や合唱（録音）を紹介することもありました。

なお、保護者に何かを頼むときは、「担任としてこう指導しますので」と方針を示した後で、「ご家庭でもこの点を注意していただけますか」と、「要求」ではなく「お願い」の姿勢で話しました。

**⑤フリートーク**

司会者より「次回からテーマに沿ったトークの時間を作ろうと思います。初回は『中学時代に熱中したこと』というテーマを考えています。お互いに中学時代を振り返りながらおしゃべりしましょう。先生も生徒から『今熱中していることは？』というアンケートを取っておくそうです。世代間の違いがあるでしょうね。では、このテーマでいいですか（拍手）」と決めて、次回からやっていきました。

その後も「わが家の口癖」「忘れられない親の一言」などで話し合い、保護者同士が親しくなるきっかけにもなっていました。

## ⑥閉会の言葉

「お疲れさまでした。副委員長の坂本です。今日、一番驚いたのは、いつもぼんやりしている息子が積極的に班活動をしていたことです。家では見られない嬉しい一面でした。また、学習塾に関するみなさんのご意見もたいへん参考になりました。また次回を楽しみにしています。以上で学級ＰＴＡを終わらせていただきます」

このような挨拶で学級ＰＴＡは終了しました。

欠席した保護者には学級通信などで概要を伝えるようにします。「面白そうだな」と関心を持ってもらうと同時に、「いつこんなことが決まったの?」と戸惑う人が出ないようにするためです。自分流の「保護者が次回も行きたくなる学級ＰＴＡ」をつくりましょう。

# 6 「勉強ができる」だけを能力と見ない

## ◆子どもの能力とは

職員室で同僚が「この生徒は学習能力があるのに成績が伸びない。勉強しないからだね」と言っていたことがあります。先日は野球解説者が「この選手は身体能力が抜群だ」と話していました。このように、能力という言葉をよく聞きます。能力とは何でしょうか。辞書には、「あることができる力」とあります。能力について、家本先生は次のように述べています。

> 子どもの能力には二つの意味があります。第一は「……ができる力」という意味。第二は「その後、さらに知り、身に付ける力」という意味です。今はその力は見えませんが、やがて発揮するであろう、隠れた力です。「後に達成する可能性」といってもよいでしょう。能力にはこうした意味がありますが、多くは第一の意味で使われています。しかし、それだけで子どもの能力を捉えてはいけません。第二の「後に達成する可能性」にもっと関心を払うべきでしょう。

能力の二つの意味について、前者を「第一の能力」、後者を「第二の能力」と呼ぶことにすれば、「第三の能力」として、「後に活用する力」という意味も加えてよいでしょう。以下、三つの能力を整理してみます。

## ◆第一の能力「……できる力」

「理解力がある」「記憶力がよい」「音楽や体育の実技面がすぐれている」など、いわゆる、「勉強ができる」とか、「才能がある」といわれる捉え方です。

冒頭の二例は、まさにこの意味で使われています。前者の「学習能力がある」は「知識が豊富で、学習内容を正しく把握する力がある」という意味であり、後者は、脚力や反射神経などにすぐれ、運動技能が高いことを「身体能力が抜群だ」と言っています。

## ◆第二の能力「後に達成する可能性」

生徒たちが学校で学ぶ内容は、大きくいえば、人類の長い歴史の中で先人たちが見つけ、考え、作り、彩ってきた科学や文化の数々です。ただし、それは膨大な量であり、すべてを教えることはできません。そこで、学校ではそれらの基本だけを教えているといえます。

では、学校を卒業した後は、知識や技術をどう学ぶのでしょうか。自分の力で学ばなければいけません。それが、「さらに知り、身に付ける」ということでしょう。そうした、「大人になってからも学び続ける意欲」が第二の能力だと考えられます。

## ◈第三の能力「後に活用する力」

長女が小学生の頃、テレビの天気図を見て「明日は風が強くて、雨も降るよ」と言うので、「よくわかるね」とほめたことがあります。「西に低気圧があって、等圧線の間隔が狭いからね。理科で習った」と言っていました。

また、最近、居間の照明が急に点滅し始めたことがありました。電球を交換しても直らず困っていると、次女の娘婿が「僕が見てみます」とコンセントを解体し、配線の不具合を直してくれたのです。彼は電気関係の専門職でもなく、一般の会社員ですが、「接触の悪い部分をつないだだけです。技術の授業で習ったラジオ作りを思い出しました」と笑っていました。どちらもささいなことではありますが、第三の能力とは、このように、その後の生活に活用できる力だと考えています。

三つの「子どもの能力」を見てきましたが、現状は第一の「勉強ができる力」という捉え方が主流です。だから、わが子を幼少期から塾や英会話教室に通わせたり、高額の教材を買い与えたりして、多くの知識を詰め込み、偏差値を上げようとしています。それが子どもの能力を伸ばすことであり、子どものためだと思っているかのようです。しかし、彼らが大人になったときに必要な力は、いわゆる「勉強ができる力」ではありません。

仕事で困難に直面した。他者とのトラブルが起きた。日常生活で必要に迫られることが出てきた……。そんなとき、私たちは過去に学んだ知識や技術を総動員して解決しようとします。それでも上手くいかなければ、インターネットで調べ、本を読み、詳しい人に聞き、様子を観察し、講習を受けるなどして対処法を考えるでしょう。これはまさに第二・第三の能力です。

子どもに「勉強のできる力」だけを求めていないだろうか。また、「後に達成する可能性」や「後に活用できる力」を育てる働きかけができているだろうか……。

教師や保護者は子どもに向かう自分の姿勢を問い直すべきではないでしょうか。

## ◈能力の捉え方を間違えない

テストは毎回高得点。偏差値も高く、成績も優秀。いわゆる「勉強ができる子」は、能力が高いといわれるものです。しかし、前で述べたように、子ども時代の成績だけなく、「生涯、学び、身に付けようとする力」や「学んだことを活用して課題を解決する力」も能力だと見るべきです。では、親や教師のどんな接し方が、そうした子どもの能力を育てるのでしょうか。

**子どもの能力を「勉強ができる」ことだけで見てはいけません。能力とは、学んだことを応用し、創造し、工夫し、洞察する力です。そんな力を育成するには、①うんと遊ばせる、②ほめ上手になる、③自学の力をつける、この三つを心がける必要があります。**

家本先生は難しい内容を平易な言葉でわかりやすく伝える名人でした。ここでも、子どもの能力を育てる要点が簡潔に述べられています。この三点を次のように解釈しています。

## ◆能力を育てる三つの要点

### ①うんと遊ばせる

子どもは友だちと遊びながら共に行動する楽しさを味わいます。同時にわがままが通用しない窮屈さを感じることもあります。また、年下や病弱な子への配慮、遊具や遊び方の工夫、トラブルの対処法などを学びます。子どもにとって、遊ぶことは学ぶことです。

それらの経験が他者と交わる力や場面に応じた思考力・行動力を育てます。親は、「うんと遊ばせるなんてとんでもない。遊ぶ暇があったら勉強させたい」と思うでしょうが、その気持ちを抑えて、子ども同士の遊びをおおいに奨励しよう。そう述べた言葉でしょう。

## ②ほめ上手になる

何をするにも行動が遅く、勉強も苦手。でも、やさしい性格で友人に親切……。そんな子に対して、親が「もっとてきぱき動きなさい」とか「こんな問題もできないの」と叱り続ければ、その子は自信を失って他者との関わりを避けるようになり、やさしくて親切という長所まで消えてしまうでしょう。ここは、「あなたはじっくり考えて一歩ずつ前進する子だね。それでいいんだよ。友だちを大切にするやさしさもある。次は勉強とも友だちになれるといいね」とほめ、苦手な分野への意欲付けをするところではないでしょうか。

子どもの短所を直そうとして、そこだけを指摘すれば長所まで引っ込みます。逆に、長所をほめ続ければ、子どもはますます行動が前向きになって、欠点も徐々に改善されるものです。ほめ上手になるとは、そういう導き方を心がけることでしょう。

## ③自学の力をつける

自学とは自分の力で学ぶことです。そうした自学の力を育てるには二つの働きかけが不可欠です。

一つ目は、親（大人）自身が学ぶ姿を示すことです。「夏休み　宿題したかと　親昼寝」という、高校生の川柳を見たことがあります。「勉強したか？　宿題は？」と子どもの尻を叩く一方で、寝そべって昼寝している親の姿を皮肉っぽく読んだ作品です。これでは子どもの自学の習慣は育ちません。親も学ぶ姿を見せるべきです。ただし、学校で行う教科の勉強ではなく、新聞や本を読む、音楽やスポーツや園芸などの趣味に没頭するといったことです。子どもは親の姿に感化され、自分のやるべきことに取り組み始めるでしょう。

二つ目は「学び方」を教えることです。たとえば、学校で生徒から数学の問題の解き方を質問されたら、教師はその場で解いてみせるときもあるでしょうが、多くは違います。解法のヒントを与え、助言しながら一緒に答えを求めるはずです。親の働きかけについても同じことがいえます。

子どもから「この単語どういう意味？」と聞かれたら、すぐに答えを教えるのではなく、「どんな意味か、一緒に調べてみようか」と、英和辞典の引き方を教える、というようにです。

このような接し方を続ければ、子どもは次からも知らない単語に出会ったときは辞書で調べるという自学自習の態度を身に付けていくでしょう。

ここまで、子どもの能力を育てるために必要な親の養育態度として、三つの要点を述べてきました。これらは生徒に向かう教師の姿勢としても大いに参考になるものです。

## 7 生徒と教師を守るアバウトな指導

### ◆アバウトな指導とは？

かつてルーズソックスが流行したとき、勤務校でも数人がその格好で登校するようになりました。するとと翌週の職員朝会で、「違反者がいたら通常の靴下に戻させてください」と生徒指導部から言われました。服装や髪型から会話や行動様式まで、子どもは流行に素早く反応します。そしてすぐ学校に持ち込もうとします。

しかし、学校はこうした流行を認めず、禁止しがちです。そして、担任は取り締まりの先頭に立たされます。生徒が改善するまで、指導を徹底せよという声に押されてさらに強く生徒に迫り、彼らとの関係をますます悪くする。

そんな現状に苦しみ、心身を病む教師が出る……。家本先生とそんな話をしていたとき、「アバウトにやってよい生徒指導もあるだろう」と、次の話を聞きました。

子どもが流行に敏感なのは、各人の生きる力が弱いので、同世代で同じように装い、同じ行動をとって感情を共有し、つながって生きようとするからです。ただし、流行にはすぐ消えるものもあれば、社会を変える文化として残るものもあります。子どもは流行から生きる力と現状変革のエネルギーを得ていると見るべきでしょう。だから学校は流行を頭から否定せず、アバウトに対処しつつ、そこに潜む主張を読み取るべきなのです。

ところでアバウトさとは何か。それは、「指導のばらつきを認め合う」ことです。この余裕がないから、完全を求める体制に苦しむ教師が心身症になるのです。

## ◈指導のばらつきを認め合うとは

「指導のばらつきを認め合う」とは柔軟な発想ですが、教師間で共通理解されるか疑問です。なぜなら指導の不一致はよくないと考える教師が多いからです。それに熱心に指導する教師とゆるい教師の間に軋轢《あつれき》が生じるのではないかと気になります。それを家本先生に聞くと、「だから次の要点を押さえるべきなんだ」と、

・事前に合意しておく
・指導に強弱をつける

の二点を挙げました。以下はそのときのやりとりです。

Q　たとえば眉を剃って細くするのが流行れば、ルーズソックスのとき同様に指導が要請されます。しかし、教師の対応には差異があります。毎朝、生徒を観察して少しの変化も見逃さずに指導する教師がいる一方で、「うぶ毛くらい剃ってもいい」と許容する教師もいる、というようにです。そして、指導に熱心な教師からは、「我々が厳しく取り組んでも、指導に差があるから徹底されない」という不満が出てきます。そもそも、指導のばらつきはあってよいのでしょうか。

A　教師間で「人類普遍の道徳やモラルに反する行為は徹底的に指導し、それ以外はアバウトにやろう」と事前に合意しておけば指導の不一致にはならないでしょう。

そうなれば、素直に校則を守ろうとする生徒は校則徹底派の教師を信頼し、崩れた格好を好む生徒はアバウトな指導の教師に親しみを感じます。どちら側の生徒にも対応できる教師がいるということです。全教師が強い姿勢で指導すれば、適応できる生徒しか生き残れず、違反する生徒にはそれが脅迫的な締め付けとなって心身の発達に負の影響を与えかねません。

生徒の個性に応じた多様な指導があるべき、つまり「指導のばらつきを認め合う」アバウトさはあっていいのです。

Ｑ　「指導バラツキを認め合う」意図は理解できますが、「校則の厳守に取り組んでも、許容する教師がいれば生活面全般が乱れていく」と現状の悪化を危惧する声にはどう対応するのでしょうか。

Ａ　指導に強弱をつけることです。生活態度が緩んできたら、指導を強化しようと教師間で合意する、というようにです。

たとえば「生徒指導強化週間」を設定し、全校集会や学年集会を開いて全教師で生徒たちを集中的に注意する。現状についてのアンケート資料を使ってクラスや委員会で話し合わせ、生徒たちに目標やルールを作らせて守るよう促す。また、卒業式や修学旅行などの前には、行事にふさわしい身なりを生徒に考えさせながら指導を強めることもあります。

「アバウトな指導で生活面が乱れる」という懸念もわかります。その解決のためにメリハリの効いた指導が必要なのです。

全教師が強く生徒に迫れば、反動は授業妨害や対教師暴力となって弱い教師に返ってきます。また、完全な指導を求める体制に病気になるまで追い詰められる教師も増えます。指導のバラツキを認め合う教師集団が求められています。

# 8　活用したい校長の教育力

## ◈校長が話すことの意義

全校集会では校長が児童生徒に話をする機会がよくあります。これまで何人もの校長講話を聞いてきました。内容は生徒たちの生活を見た気づきを述べる、というものがほとんどでした。他には、学校行事の評価や著名人のすぐれた生き方の紹介、災害や事故から学ぶ教訓の伝達などもありました。

ところで、生徒の生活に関する気づきですが、多くは生徒指導上の問題を指摘して、「今後はきちんとやっていこう」と呼びかけるものでした。

校長をしている友人が「集会での話のネタに苦労している」と例文集を見せてくれたことがあります。そして、「結局は生徒指導部会で出た話題を取り上げることが多い」と話していました。校長が生徒たちに話すことについて家本先生は次のように述べています。

集会で、校長は生徒をほめる話をすべきです。校長は生徒たちにとって権威であり、校長からほめられると喜びや誇りが倍増します。
ところが、なかなか生徒をほめる話ができません。生徒の悪いことばかり指摘しては怒っている事例が多いようです。でも、校長もいい話をしたいと思っているはず。だから、教師たちは校長に「生徒をほめる材料」を提供しないといけません。これが学校の協業であり、校長は教師たちの代表であるということです。

「学校の協業」「校長は教師たちの代表」という言葉は、学校づくりの理想を示すものです。校長も生徒を指導する教師集団の一員であり、その総意を代表する者であるという考えです。

## ◆校長の話はまわりの教師がつくる

前述の校長は「生徒を元気づけ、学校生活への意欲を高める話をしたいが、なかなか……」とも言っていました。話す材料が見つからないから、例文集に頼り、生徒のマイナス面を取り上げてしまうというのです。だからこそ、毎日生徒を見ている教師が「校長からもほめてほしいこと」を伝えるべきだと思うのです。

かつて離島の小規模校に勤務したとき、「生徒たちのすばらしい行動や発言など、彼らが輝いた事例を書いてほしい」と職員室に用紙を置いた校長がいました。

校長はそこに書かれた生徒を校長室に呼んでほめたり、自身が発行する学校通信に載せたり、全校集会で話したりしていました。良い実践だと思ったものです。

以下、全校集会で校長に生徒をほめてもらうときの要点を整理しましょう。

**①なるべく集団をほめてもらう**

校長には、学年・学級・児童会生徒会・専門委員会・部活動など、なるべく集団をほめてもらいます。特定の生徒を取り上げる場合は、詳細な個人情報にはふれず、その生徒が集団内で浮いたり、まわりから疎まれたりしない話し方を頼んでおくべきでしょう。

**②校長講話後の生徒の様子を伝える**

教師が伝えた「ほめる材料」を校長が取り上げると、生徒だけでなくその教師も嬉しくなります。

そこで、「校長先生の話以降、給食委員のメンバーたちは、配膳の手順をポスターにして各教室に配り、毎日の献立の特徴を放送で流すなど、ますます張り切って活動しています」と、お礼を兼ねて生徒の様子を伝えます。校長の話によって生徒が成長する姿を知ることは、校長自身のモチベーションにもなります。

### ③なるべく上級生を取り上げる

小六、中三、高三など、学校の最上級生をなるべく多くほめてもらいます。学校では、良くも悪くも最上級生の影響力が強く、下級生に「最上級生を見習おう！」と伝えることができれば、生徒指導上の効果も大きいからです。

ただし、彼らをほめるのは大変です。学年が上がるほど授業態度や生活態度が乱れ、最上級生がもっとも荒れている学校も多いからです。しかし、そこで、「三年生のような行動をしないように」と言い続けては状況を悪化させるだけです。

だから、「三年生の教室にはいつも花が飾られている」「机が整然と並んでいる」「放課後、自主学習に励む人が増えた」、「体育祭ですぐれたリーダーシップを発揮した」など、彼らの肯定面をできるだけ多く校長にほめてもらいます。ときには彼らに良いことをさせて、それを取り上げてもらいます。その積み重ねが最上級生の自信を回復させ、生活態度の向上にもつながるでしょう。

校長には生徒たちを大いにほめてもらいましょう。

**重水 健介**（しげみず・けんすけ）

1958年長崎県生まれ。長崎県内の公立中学校で数学担当として30数年つとめた後、著述・講演・研究活動に入る。現在、日本群読教育の会事務局長、全国教育文化研究所員。
著書に『教師のための群読ハンドブック』『みんなの群読脚本集』（ともに高文研）、『すぐ使える学級担任ハンドブック中学２年生』（たんぽぽ出版）、『ささいな問題を大きなトラブルに発展させない学級対応事例45』（学事出版）、『学級づくり便利グッズ』（フォーラム・A）他多数。

カバー写真＝Graphs / PIXTA

家本芳郎先生に学ぶ教師術
生徒が活きる教室　50のヒント

●二〇二五年三月一〇日 ―――― 第一刷発行

著　者／重水　健介

発行所／株式会社 高文研
東京都千代田区神田猿楽町二―一―八
三恵ビル（〒一〇一―〇〇六四）
電話０３―３２９５―３４１５
https://www.koubunken.co.jp

印刷・製本／中央精版印刷株式会社

★万一、乱丁・落丁があったときは、送料当方負担でお取りかえいたします。

ISBN978-4-87498-906-7　C0037